DANIEL MICHEL

LOTHAR MATTHÄUS

– KLEINE ANEKDOTEN AUS DEM LEBEN EINES WELTFUSSBALLERS –

riva

Bibliografische Information der Deutschen Nationalbibliothek
Die Deutsche Nationalbibliothek verzeichnet diese Publikation in der Deutschen Nationalbibliografie. Detaillierte bibliografische Daten sind im Internet über http://dnb.d-nb.de abrufbar.

Für Fragen und Anregungen
info@rivaverlag.de

Wichtiger Hinweis
Ausschließlich zum Zweck der besseren Lesbarkeit wurde auf eine genderspezifische Schreibweise sowie eine Mehrfachbezeichnung verzichtet. Alle personenbezogenen Bezeichnungen sind somit geschlechtsneutral zu verstehen.

Originalausgabe
1. Auflage 2021

Türkenstraße 89
80799 München
Tel.: 089 651285-0
Fax: 089 652096

Redaktion: Christoph Hellwig
Umschlaggestaltung: Catharina Aydemir
Umschlagabbildung: picture alliance/Laci Perenyi
Satz: abavo GmbH, Buchloe
Graspo CZ, Tschechische Republik
Printed in the EU

ISBN Print 978-3-7423-1745-2
ISBN E-Book (PDF) 978-3-7453-1442-7
ISBN E-Book (EPUB, Mobi) 978-3-7453-1443-4

Weitere Informationen zum Verlag finden Sie unter
www.rivaverlag.de
Beachten Sie auch unsere weiteren Verlage unter www.m-vg.de

Inhalt

Einleitung

Lothar Matthäus zählt zu den besten und erfolgreichsten deutschen Fußballern aller Zeiten, doch sein Name hat lange Zeit polarisiert. Das häufigste Urteil über Matthäus lautet wohl sinngemäß: Super Fußballer, aber seine Frauen-Geschichten …

Hinzu kommt, dass Matthäus circa bis zum Jahr 2012 auch noch im Erwachsenenalter sehr emotional und aufbrausend wirkte. Konfrontationen in der Öffentlichkeit arteten teilweise aus, da Matthäus offenbar ein diplomatisches Gespür fehlte. Oftmals rechtfertigte er die offen ausgetragenen Konflikte damit, ehrlich zu sein und für Gerechtigkeit einzustehen.

Seine beeindruckende sportliche Vita wird deshalb nicht geschmälert und lässt sich in Kürze so zusammenfassen: Von seinem Stammklub FC Herzogenaurach wechselte er 1979 zu Borussia Mönchengladbach und avancierte zu einem der Stars der Bundesliga. 1984 ging es weiter zum FC Bayern. Mit den Münchnern gewann Matthäus zunächst drei deutsche Meisterschaften (1985–1987) und einmal den DFB-Pokal (1986). Zwischen 1988 und 1992 lief Matthäus für Inter Mailand auf, wo er zum Weltstar reifte. Mit Inter gewann er 1989 die italienische Meisterschaft und 1991 den UEFA-Pokal. Nach einem Kreuzbandriss kehrte Matthäus 1992 zum FC Bayern zurück, wo er bis 2000 blieb und nochmals viermal deutscher Meister (1994, 1997, 1999, 2000) und einmal DFB-Pokal-Sieger (1998) wurde. Hinzu kam der Triumph im UEFA-Cup 1996. Seine Karriere auf Vereinsebene ließ er bei den New York Metrostars im Jahr 2000 ausklingen.

Für die deutsche Nationalmannschaft bestritt Matthäus 150 Einsätze zwischen 1980 und 2000. Damit ist er Rekord-Nationalspieler. Mit dem DFB-Team gewann er die Europameisterschaft 1980 und die Weltmeisterschaft 1990. In den Jahren 1990 und 1991 wurde er zum besten Fußballer der Welt gekürt. 1990 wurde er auch Deutschlands und Europas Fußballer des Jahres, 1999 nochmals Deutschlands bester Fußballer. Er wurde in die »Hall of Fame« des deutschen Fußballs, des FC Bayern und von Inter Mailand aufgenommen.

Als Trainer arbeitete er zwischen 2001 und 2011 für fünf Vereine und zwei Nationalmannschaften (Ungarn, Bulgarien). Zu seinen größten Erfolgen zählen der Gewinn der serbischen Meisterschaft 2003 mit Partizan Belgrad und der österreichischen Meisterschaft 2007 mit RB Salzburg.

Charakterstärken von Matthäus sind insbesondere sein enormer Ehrgeiz, seine hohe Disziplin und seine große Beharrlichkeit. Als Spieler zeichneten ihn Dynamik, Spielintelligenz, Schussstärke und enorme Präzision bei Weitpässen aus. Er war ein kompletter Fußballer, dessen Markenzeichen es war, über 40 Meter durch das Mittelfeld mit Ball am Fuß zu sprinten und zu dribbeln, ohne dass ihn Gegenspieler aufhalten konnten. Sein berühmtestes Tor steht dafür als Markenkern: Sein 3:1 bei der WM 1990 im Gruppenspiel gegen (das ehemalige) Jugoslawien.

Seit Jahren ist er nun das Aushängeschild von TV-Sender Sky. Mit exzellenten Analysen legt er oftmals bei den Vereinen und der Nationalmannschaft den Finger in die Wunde. Matthäus zählt zu den am häufigsten zitierten Fußball-Experten im deutschsprachigen Raum.

In diesem Buch soll die Lebensleistung von Lothar Matthäus im Vorfeld seines 60. Geburtstags gewürdigt werden. Das Buch erhebt dabei keinen Anspruch, eine vollständige Biografie zu liefern oder einige Vorkommnisse kritisch zu hinterfragen. Es soll Ihnen, liebe Leserinnen und Leser, einen Einblick geben in das bewegte und ereignisreiche Leben einer großen deutschen Fußballlegende: Lothar Matthäus.

Die glückliche Fügung auf der Weihnachtsfeier des FC Herzogenaurach

Die Wurzeln der Familie Matthäus, so berichtet es Lothar Matthäus in seiner Biografie *Ganz oder gar nicht*, liegen väterlicherseits in Schlesien. Vater Heinz Matthäus stammt aus Trzebiel, das heute in Polen und nur wenige Kilometer von der deutschen Grenze entfernt liegt. Im Februar 1945, in den Endzügen des Zweiten Weltkriegs, floh Heinz Matthäus mit seinen Eltern und seinen jüngeren Geschwistern aus Trzebiel vor der anrückenden russischen Armee. Die Familie reiste quer durch Deutschland und kam letztendlich in Franken an, wo sie in Höfen, einer Ortschaft nahe von Herzogenaurach, untergebracht wurde. Die Familie Matthäus wurde in Herzogenaurach heimisch und nach Ende des Zweiten Weltkriegs schloss Heinz Matthäus in guter Familientradition eine Handwerkslehre ab und wurde Zimmermann.

Zugleich war Heinz Matthäus ein leidenschaftlicher Fußballer und gehörte dem FC Herzogenaurach an – und 1949 sollte sich für ihn auch im privaten Bereich eine glückliche Fügung ergeben: Bei der Weihnachtsfeier des Klubs in der Gaststätte »Zum Weißen Hahn« eroberte er das Herz seiner künftigen Ehefrau, der Herzogenauracherin Katharina Lohmeier. Rund sieben Jahre später, 1956, heiratete das Paar. Die Geburt des ersten Sohnes Wolfgang folgte ein Jahr darauf – und am 21. März 1961 erblickte ein gewisser Lothar Herbert Matthäus im Erlanger Krankenhaus das Licht der Welt.

Die Eltern des späteren Weltfußballers lernten sich also auf der Weihnachtsfeier des örtlichen Fußballklubs kennen – wenn die Liebe zum Fußball nicht da schon Lothar Matthäus in die Wiege gelegt wurde …

»Halt den Ball flach«

Im Jahr 1960 nahm Heinz Matthäus eine Stelle als Hausmeister bei Puma an. Matthäus senior war für den damaligen Sportschuhhersteller aus Herzogenaurach, der in fortwährend lokaler und heute weltweiter Konkurrenz zu Adidas steht – die Brüder Adolf und Rudolf Dassler gründeten einst in den 1920er-Jahren die Sportschuhproduktion, zerstritten sich aber, weshalb es 1948 zur Trennung und zur Konkurrenz von zwei Firmen kam –, schon bald das »Mädchen für alles«: Mal reparierte er etwas, mal half er sogar in der Kantine des Betriebs aus.

Sehr praktisch für Matthäus senior: Die Familie wohnte fast direkt neben dem Firmengelände in einer rund 70 Quadratmeter großen Wohnung im ersten Stock der Würzburger Straße 11. Auch Mutter Katharina war in die Arbeit bei Puma eingebunden, sie komplettierte zu Hause noch unfertige Schuhe an der Steppmaschine.

Lothar Matthäus durfte derweil als kleiner Junge sich austoben. Was ihm besonders Spaß machte: Fußballspielen mit und gegen seinen vier Jahre älteren Bruder Wolfgang. Auch wenn er eine gute Beziehung zu seinem Bruder besaß, kam in Matthäus schon bald ein enormer Drang zum Wettbewerb auf. Er habe sich »ständig mit ihm messen« wollen, schrieb Matthäus in seiner Biografie *Ganz oder gar nicht* und betonte: »Ich wollte allen beweisen, dass ich mithalten kann.« In der Rückbetrachtung ist sich Matthäus sicher, dass ihn Duelle gegen seinen Bruder geprägt haben, um sich später gegen vermeintlich Stärkere durchzusetzen.

Neben der sportlichen Konkurrenz zu seinem Bruder gab es für Matthäus schon gleich hohe Anforderungen in Sachen Präzision. Es bedurfte einer guten Balltechnik, um auf dem unebenen Lehmboden im Hinterhof zu bestehen. Gleichzeitig war für Matthäus ein zu weites Abdriften mit dem Ball nach links oder rechts verboten, denn seine Mutter hatte an den Seiten Gemüsebeete angelegt – und wenn Matthäus die Mauer des Wohngebäudes als seinen Anspielpartner nutzte, konnte es besonders brenzlig werden. Denn schoss er zu fest und zu hoch, ging gelegentlich die Fensterscheibe von der Wohnung der Oma zu Bruch.

Für Heinz Matthäus war es dann zwar als Schreiner fachlich kein Problem, die Fensterscheibe auszutauschen, doch die neue Scheibe musste auch erst einmal bezahlt werden, weshalb Matthäus senior seinem Sohnemann schon früh einen Rat für das weitere Fußballerleben mit auf den Weg gab: »Halt den Ball flach im Hinterhof.«

Trägt die Mutter Schuld? Lothar Matthäus ist zu »klein« für die Bayernauswahl

Seine beste Zeit als Profifußballer besaß Lothar Matthäus auf der Position des zentralen Mittelfeldspielers. Später wurde er in der Abwehr als Libero eingesetzt. Doch zu Beginn seiner Zeit als Vereinsfußballer war Lothar Matthäus ein wendiger Mittelstürmer, der für seine Jugendteams Tore am Fließband erzielte.

Mit neun Jahren trat Matthäus dem FC Herzogenaurach bei, dem von Puma unterstützten Klub. Der FCH stand in Rivalität zum ASV Herzogenaurach, dem von Adidas geförderten Verein. Matthäus musste beim FCH gleich zusammen mit den Zwölf- bis 14-Jährigen in der C-Jugend spielen, denn jüngere Auswahlteams gab es damals noch nicht. Bei seinem ersten Einsatz für die C2-Auswahl erzielte Matthäus gleich im Derby ein Tor und durfte am selben Tag noch für die C1 spielen, in der auch sein Bruder agierte.

Um Anfang der 1970er-Jahre von sich als großes Talent Reden zu machen, war es für einen jungen Spieler von entscheidender Bedeutung, für überregionale Verbandslehrgänge nominiert zu werden und dort mit starken Leistungen einen guten Eindruck zu hinterlassen. Nach der Nominierung für die Kreis- und Bezirksauswahl sehnte Matthäus die Beförderung in die Mannschaft des bayerischen Verbands herbei. Doch diese Ehre blieb ihm verwehrt, was nach einem dieser Lehrgänge zu einer kuriosen Schuldzuweisung an seine Mutter führte.

Denn der Cheftrainer der Bayernauswahl hatte Matthäus die Nicht-Nominierung auch mit dem Argument der Körpergröße begründet: »Und außerdem bist du zu klein.« Die oberflächliche Begründung war für Matthäus ein »Schock«, wie er in seiner Biografie *Ganz oder gar nicht* rückblickend einräumt. Als er damals nach dem Lehrgang in Grünwald zu Hause in Herzogenaurach ankam, musste seine Mutter Katharina als Sündenbock herhalten. »Weil du so klein bist, bin ich auch so klein«, warf Matthäus seiner 1,57 Meter kleinen Mutter Katharina anklagend entgegen. Der Familienstreit sollte sich aber legen – und Matthäus, der heute 1,74 Meter groß ist, wies schon bald nach, dass die Körpergröße allein kein Ausschlusskriterium für die Karriere eines Profifußballers sein sollte.

Matthäus nach Gladbach? Wie Berti Vogts Udo Lattek austrickste

Abgesehen vom Ärger der Nicht-Nominierung in die Bayernauswahl schritt die Entwicklung von Lothar Matthäus gut voran. Matthäus zeigte Leistung auf dem Platz – und das Netzwerk von Puma, bei dessen Chef Rudolf Dassler Matthäus als kleiner Junge ein- und ausgegangen war, verlieh dem Franken den letzten Schub. Matthäus schoss bis zu 100 Tore in einer Saison für den FC Herzogenaurach. In seiner letzten Spielzeit für seinen Heimatklub stieg er mit der Herrenmannschaft in die Bayernliga, der damals höchsten Amateur-Spielklasse im Freistaat, auf. Im Sommer 1979 wechselte Matthäus dann zum Bundesliga-Topklub Borussia Mönchengladbach, der von Puma ausgerüstet wurde und der von Kindesbeinen an der Lieblingsklub von Matthäus war.

Dass der Wechsel von Herzogenaurach nach Gladbach zustande kam, ist neben den überragenden Leistungen von Matthäus zunächst einer Person zu verdanken: Hans Nowak. Der frühere Bundesligaprofi von Schalke 04 und Bayern München arbeitete bei Puma als Marketingchef. Nebenbei sah er sich die Spiele des FC Herzogenaurach an und erkannte das besondere Talent von Matthäus. Nowak informierte Borussia Mönchengladbach über das Juwel aus Herzogenaurach, daraufhin luden die Verantwortlichen im März 1979 Matthäus zum Probetraining ein.

Bei Borussia kam einem weiteren Akteur eine besondere Rolle zu: Berti Vogts, Verteidiger der Gladbacher und Weltmeister von 1974. Vogts war von einer Verletzung ins Team zurückgekehrt und trainierte mit den Reservisten. In dieser Runde musste der junge Matthäus nun sein Können unter Beweis stellen. Nach der Einheit, so erzählt es Berti Vogts in *Lothar Matthäus – Der Leitwolf*, habe ihn Trainer Udo Lattek gefragt, was er von Matthäus halte. Vogts gab dem Star-Coach eine eindeutige Antwort: »Gar nichts.«

Hätte Vogts diese Aussage ernst gemeint, sie wäre wohl das sportliche Todesurteil für Matthäus gewesen. Doch Vogts schwindelte seinen Trainer nur eiskalt an – und dafür besaß er einen guten Grund: Udo Latteks Abgang aus Gladbach zum Saisonende stand bereits fest. Vogts überkam die nackte Angst, Lattek könnte Matthäus intensiver beobachten und ihn zu seinem neuen Klub – es wurde Borussia Dortmund – mitnehmen. Vogts suchte dagegen nach dem Gespräch mit Lattek den direkten Weg zur Gladbacher Chefetage. Der hochdekorierte Abwehrspieler machte Manager Helmut Grashoff umgehend klar: Matthäus sei sofort zu verpflichten. Gesagt, getan: Am Tag darauf unterzeichnete Matthäus seinen ersten Profivertrag bei einem Bundesligaklub. Sein neuer Coach in Gladbach wurde Jupp Heynckes. Udo Lattek kam erst später in den Genuss, mit Matthäus zusammenzuarbeiten – ab 1984 beim FC Bayern.

17 dramatische Minuten in Neapel: So verpatzte Matthäus sein Debüt im DFB-Team

Zum Start bei Borussia Mönchengladbach musste Lothar Matthäus sich in Geduld üben und mehrere Wochen auf seinen ersten Einsatz in der Bundesliga warten. Erst am 22. September 1979, dem 7. Spieltag der Bundesliga-Saison 1979/80, setzte Trainer Jupp Heynckes auf Matthäus. Der damals 18-Jährige rückte durch eine Verletzungswelle im Gladbacher Kader in die Startformation. Beim Gastspiel in Kaiserslautern sollte Matthäus als halblinker Mittelfeldspieler Hannes Bongartz, den Antreiber im Spiel der Gastgeber, ausschalten. Gladbach unterlag mit 2:4, Matthäus allerdings erhielt überdurchschnittlich gute Kritiken der Berichterstatter. Auch Coach Heynckes war von der Qualität von Matthäus überzeugt. Fortan kam Matthäus, der am 8. Dezember 1979 beim 1:1 gegen Eintracht Braunschweig sein Tor-Debüt in der Bundesliga feierte, in jedem Bundesligaspiel der Saison 1979/80 zum Einsatz. Für Gladbach selbst endete die Saison dagegen sportlich unglücklich. Durch Platz sieben in der Bundesliga und dem verlorenen UEFA-Cup-Finale gegen Eintracht Frankfurt verfehlte die Fohlenelf die Qualifikation für den Europacup. Für Matthäus erfüllte sich jedoch noch ein Traum: Bundestrainer Jupp Derwall berief ihn in den Kader der deutschen Nationalmannschaft für die Europameisterschaft 1980 in Italien. Allerdings verlief das Turnier für Matthäus persönlich nicht ganz wie erhofft.

Beim ersten Gruppenspiel gegen die Tschechoslowakei, das Deutschland mit 1:0 gewann, kam Matthäus nicht zum Einsatz. Im zweiten Gruppenspiel gegen die Niederlande in Neapel wollte Bundestrainer Jupp Derwall Matthäus offenbar erneut einen Einsatz verwehren. Doch Kapitän Bernhard Dietz täuschte in der 73. Spielminute eine Verletzung an der Leiste vor, damit Derwall Matthäus einwechseln musste. Dietz wollte unbedingt Matthäus zum Debüt im Nationalteam verhelfen und hielt angesichts einer komfortabel wirkenden 3:0-Führung durch drei Tore von Klaus Allofs den passenden Moment dafür gekommen. Doch mit Matthäus im Spiel wurde die Partie noch einmal spannend …

Um einen Angriff der Niederländer zu stoppen, beging Matthäus in der 79. Spielminute kurz vor dem Strafraum ein taktisches Foul an Bennie Wijnstekers. Das Pech für Matthäus: Schiedsrichter Robert Wurtz bewertete das Foulspiel als einen Kontakt im Strafraum und entschied auf Elfmeter. Eine Fehlentscheidung, aber Johnny Rep verwandelte den Strafstoß gegen Toni Schumacher und verkürzte für die Niederlande auf 1:3.

Und es kam noch schlimmer aus Sicht des DFB-Teams: In der 89. Spielminute unterlief Matthäus im Mittelfeld ein Fehlpass, woraus die Niederländer ihren Nutzen zogen und das 2:3 erzielten. Nun begann das große Zittern im deutschen Team. »Da waren der Derwall und ich in Schweiß gebadet und haben uns verstört angeguckt«, blickte Bernhard Dietz in *Lothar Matthäus – Der Leitwolf* auf die spannenden Minuten in Neapel aus Sicht der deutschen Trainerbank zurück. Die deutsche Abwehr geriet in den Schlussminuten gehörig unter Druck, rettete aber den 3:2-Sieg über die Zeit. »Zum Glück ist alles noch gut gelaufen. Ich hätte mir wegen der angedeuteten Verletzung auf ewig Vorwürfe gemacht«, führte Dietz aus.

Das DFB-Team holte im letzten Gruppenspiel gegen Griechenland ein 0:0 und zog als Gruppenerster – so sah es der damalige EM-Modus mit acht Teams unterteilt in zwei Gruppen vor – ins EM-Finale ein. Deutschland gewann das Endspiel mit 2:1 gegen Belgien und errang den EM-Pokal. Lothar Matthäus holte demnach seinen ersten großen Titel im Profifußball mit der Nationalmannschaft, jedoch blieb er nach seinen Fehlern gegen die Niederlande ohne weitere Einsatzzeiten. Überhaupt schien Bundestrainer Jupp Derwall lange auf den künftigen Superstar sauer zu sein. Erst nach 17 Monaten, im November 1981, bestritt Matthäus beim 8:0 über Albanien sein zweites Spiel für die deutsche Nationalmannschaft. Unglaublich, dass Matthäus trotz dieser langen Denkpause es noch auf 150 Länderspiele für Deutschland brachte und zum deutschen Rekordnationalspieler avancierte.

Wie Lothar Matthäus immer wieder ins Liebeschaos gerät

Wird heutzutage ein erwachsener Fußballfan zu Lothar Matthäus befragt, schießen ihm wohl diese drei Gedanken als erstes durch den Kopf: Weltklasse-Fußballer, sehr guter TV-Experte, aber seine Frauen-Geschichten …

Bei letzterem Themenpunkt wird Matthäus sinngemäß dafür angeklagt, so viele Beziehungen und Ehen geführt zu haben, die vor allem in der Endphase Momente zum Fremdschämen beinhalteten. Und: Je älter er werde, desto jünger seien im Gegensatz dazu seine Partnerinnen, was moralisch nicht gutzuheißen sei und peinlich wirke.

Oftmals wird bei diesem heiklen Thema übersehen, dass Matthäus zeitweise einer der bekanntesten Einwohner Deutschlands war, er folglich mit seiner Familie und seinen Partnerinnen unter extremer Beobachtung stand. Diese Drucksituation dürfte auf Dauer sicherlich Auswirkungen auf seine Beziehungen besessen haben.

Matthäus ist nun zum fünften Mal verheiratet, doch es gibt einige Prominente, die eine ähnlich hohe Anzahl an Ehen aufweisen und mit deutlich jüngeren Partnerinnen zusammenleben. Man denke an den früheren Bundeskanzler Gerhard Schröder (fünfte Ehe) und den früheren Außenminister Joschka Fischer (fünfte Ehe). Die Ehefrau von Gerhard Schröder ist über 20 Jahre jünger, die Ehefrau von Joschka Fischer sogar über 25 Jahre. Ähnliche Beispiele finden sich auch unter berühmten Schauspielern und Schauspielerinnen. Joan Collins lebt ebenfalls in fünfter Ehe – ihr Ehemann ist über 30 Jahre jünger. Und: Der kürzlich verstorbene Diego Maradona war formal zwar nur einmal verheiratet, er hat aber mindestens fünf Kinder mit vier verschiedenen, meist deutlich jüngeren Partnerinnen gezeugt. Auch über das Liebesleben des anderen großen deutschen Sportstars aus den 1990er-Jahren, Boris Becker, gäbe es einiges anzuführen. Die Liste an Beispielen soll nicht zu lang werden und auch keine Anklage sein, doch es dürfte durchaus einen Zusammenhang zwischen extremem Erfolg und Prominenz auf der einen Seite und einem unruhigen, wechselhaften Familien- und Beziehungsleben auf der anderen Seite geben. Das gilt natürlich nicht für jeden sehr prominenten Menschen, aber zumindest für eine kleine Gruppe davon, zu der Matthäus sicherlich hinzu zu zählen sein dürfte.

Warum zahlreiche Beziehungsgeschichten von Matthäus in der deutschen Öffentlichkeit so präsent sind, hat wahrscheinlich noch einen weiteren Grund. Wo andere Prominente in Krisenphasen abtauchen, hat Matthäus den Medien oftmals extrem offen und naiv von schweren Phasen in seinen Beziehungen berichtet. Zum Teil, so wirkte es zumindest, nutzten auch seine Partnerinnen die Medien für eigene PR-Zwecke aus.

Schon ziemlich früh in seiner Karriere erfuhr die deutsche Öffentlichkeit, wie es um das Liebesleben des Lothar Matthäus steht. Das *Spiegel*-Magazin fasste das erste große Liebeschaos von Matthäus in einem Bericht von 1983 wie folgt zusammen:

»Mit 18 Jahren kam Lothar Matthäus vom Amateurverein FC Herzogenaurach zum Bundesligaklub Borussia Mönchengladbach. Seiner rothaarigen Verlobten Silvia schärfte er ein: ›Mach erst dein Abitur, dann hole ich dich nach und wir heiraten.‹«

Nach seiner Premieren-Saison in Gladbach und dem EM-Titel mit der deutschen Nationalmannschaft 1980 geriet die Beziehung offenbar in eine Krise. Der *Spiegel* schrieb: »Nun verliebte er sich in die Freundin von Jürgen Haller, einem Sohn des früheren Nationalspielers Helmut Haller. Der junge Haller übernahm anstelle seiner Braut Rosi die Matthäus-Freundin Silvia.«

Einige Monate später kehrte Matthäus reumütig zu Silvia zurück. Matthäus räumte laut *Spiegel* ein: »Ohne Frau ist das Fußballgeschäft nicht auszuhalten, wenn ich mich mit Silvia nur mal streite, spiele ich auch schlecht.« Mit Silvia folgte 1981 die Hochzeit und das Paar bekam zwei Kinder. Erst 1992 folgte die Scheidung.

»Den Maradona habt ihr heute Abend doch genauso wenig gesehen, wie am Sonntag den Zico, oder?«

Zu Beginn des Länderspieljahres 1982 setzte Bundestrainer Jupp Derwall wieder auf Lothar Matthäus. Der Franke durfte an seinem 21. Geburtstag am 21. März 1982 in seinem vierten Einsatz für das DFB-Team zum ersten Mal von Beginn an starten – und es wartete auf Matthäus der bis dato größte Moment seiner Karriere: Das DFB-Team war auf Südamerikareise und trat zunächst gegen Brasilien im berühmten Estádio do Maracanã von Rio de Janeiro vor 170.000 Zuschauern an. Matthäus bekam dabei die Aufgabe zugeteilt, Zico, den Spielmacher der Brasilianer, auszuschalten.

Vor der Partie erklärte Matthäus unter anderem dem *kicker*-Sportmagazin, warum er nicht nervös sei, sondern sich der Aufgabe gewachsen fühle. »Der Zico ist schnell – schnell bin ich aber auch«, betonte Matthäus und führte die Gleichsetzung zwischen ihm und dem damals womöglich besten Spieler der Welt fort: »Der Zico hat einen tollen Antritt – auch den habe ich.« Und zuletzt stellte Matthäus noch eine weitere Gemeinsamkeit aus seiner Sicht heraus: »Der Zico verfügt über einen guten Schuss – aber gut schießen kann ich auch.« Er brauche sich vor Zico nicht zu verstecken, so das Fazit von Matthäus, der ein Versprechen abgab: »Den lasse ich schon nicht ins Spiel kommen.«

Matthäus hielt sein Versprechen: Auch wenn Deutschland die Partie mit 0:1 verlor, Zico kam über die gesamte Partie hinweg dank Matthäus nicht zur Entfaltung. Matthäus sorgte auf deutscher Seite für große Begeisterung und erhielt nach dem Länderspiel Bestnoten von den Reportern.

Nur drei Tage später traf die deutsche Mannschaft dann in Buenos Aires auf den amtierenden Weltmeister Argentinien – und Matthäus erhielt die nächste Spezialaufgabe. Er sollte den ebenfalls jungen, aber schon sehr bekannten Diego Maradona ausschalten. Auch diese Herausforderung meisterte Matthäus mit Bravour, auch wenn Maradona das Tor zum 1:1-Endstand vorbereitet hatte.

Mit seinen überragenden Leistungen gegen Brasilien und Argentinien gelang Matthäus sein internationaler Durchbruch. Matthäus selbst wusste um seine Leistung und sagte nach der Partie gegen Argentinien dem *kicker* selbstbewusst: »Den Maradona habt ihr heute Abend doch genauso wenig gesehen, wie am Sonntag den Zico, oder?«

2,06 Promille: Lothar Matthäus schrottet seinen neuen Mercedes

Auch wenn Lothar Matthäus in Gladbach Profi und heimisch wurde: Regelmäßig besuchte er seine Heimat Herzogenaurach. So auch im Oktober 1983. Matthäus sah sich zunächst eine Partie seiner ehemaligen Teamkollegen des FC Herzogenaurach an, danach ging es mit einigen Spielern noch ins Vereinsheim. Matthäus wollte eigentlich nur etwas Essen, doch offenbar floss auch der Alkohol reichlich, darunter einige Ouzo. Ein feuchtfröhliches Wiedersehen mit alten Freunden ist natürlich nichts Verwerfliches, fatal wurde es erst auf der Fahrt zurück zu seinem Elternhaus. Matthäus nutzte für die wenigen Kilometer seinen neuen, weißen und getunten Mercedes 190, dann passierte bei Regen und rutschiger Fahrbahn das Malheur. »Mit ungefähr 60 Stundenkilometern kam ich ins Rutschen, krachte in einen Gartenzaun und überschlug mich«, beschrieb Matthäus die Unfallsituation in seiner Biografie *Ganz oder gar nicht.* Unter Schock stehend, entfernte sich Matthäus ein Stück von der Unfallstelle und setzte sich auf eine Parkbank. Anwohner holten ihn wieder zurück zur Unfallstelle, wo die Polizei bereits auf ihn wartete. Die Beamten stellten bei ihm einen Alkoholwert von 2,06 Promille fest!

Matthäus blieb in der Nacht im Krankenhaus, fuhr jedoch schon am nächsten Tag mit dem Zug nach Gladbach zurück, um pünktlich zum Training zu erscheinen. Die Klubführung erfuhr durch die Medien allerdings schon vor seiner Rückkehr vom schweren Unfall. Matthäus musste zum Rapport, der Klub sah allerdings von einer Geldstrafe ab. Offenbar hielt man den damals 22-jährigen Mittelfeldmann für bestraft genug. Die Bilanz seines Unfalls: 13 000 D-Mark Geldstrafe, acht Monate Entzug des Führerscheins – und ein komplett geschrotteter Mercedes, der noch vor Kurzem einen Wert von rund 60 000 D-Mark besessen hatte.

»Judas« Matthäus

Der Vertrag von Lothar Matthäus lief 1984 in Mönchengladbach aus, andere Vereine buhlten bereits um den Star der Bundesliga. Damals war auch nach Vertragsende noch eine Ablöse zu bezahlen, weshalb sich schon bald ein öffentlicher Streit zwischen Gladbach und Bayern München um die Höhe der Summe entwickeln sollte. Zunächst lag eigentlich der 1. FC Köln, zu deren Stadt und einigen Spielern Matthäus ein freundschaftliches Verhältnis pflegte, im Poker um den defensiven Mittelfeldspieler vorne. Doch der FC Bayern mit Manager Uli Hoeneß setzte auf allen Ebenen die Hebel an, um Matthäus nach München zu locken. Borussia Mönchengladbach wiederum stemmte sich dagegen und versuchte, Matthäus unter allen Umständen zu halten. Trainer Jupp Heynckes wollte sogar selbst 50 000 D-Mark bezahlen, um Matthäus mit einer Gehaltserhöhung zum Bleiben zu bewegen. Auch hatte Heynckes noch einen weiteren Sponsor für weitere 50 000 D-Mark aufgetan. Am Ende hätte Matthäus sogar in Gladbach mit kolportierten 474 000 D-Mark Jahresgehalt mehr Geld als in München verdienen können, doch er stand bereits beim FC Bayern im Wort und ein Widerruf hätte ihn eine Vertragsstrafe von 150 000 D-Mark gekostet. Allerdings hatte Matthäus in erster Linie seine Entscheidung für einen Wechsel zu Bayern München gefällt, weil er mit den Bayern die größten Chancen für sich sah, regelmäßig große Titel zu gewinnen. Kurios dabei: 1983/84 wurde Gladbach hinter dem VfB Stuttgart und dem Hamburger SV nur aufgrund des schlechteren Torverhältnisses Dritter in der Bundesliga-Tabelle. Der FC Bayern rangierte hinter Gladbach nur auf Rang Vier.

Der Wechsel von Matthäus nach München wurde noch während der Saison bekanntgegeben, was die Gladbacher Fans erzürnte. Allerdings waren sie zunächst weniger auf ihr Idol Lothar Matthäus sauer, sondern eher auf die vermeintlich reichen Bayern, die mal wieder der Konkurrenz die besten Spieler wegkaufen. Erst mit dem letzten Pflichtspiel von Matthäus im Gladbacher Trikot münzte sich die Wut der Fans auf ihn um.

Auslöser war das Endspiel im DFB-Pokal am 30. Mai 1984. Das Duell lautete Borussia Mönchengladbach gegen Bayern München – der aktuelle Arbeitgeber traf auf den künftigen Dienstherren von Matthäus. Der Franke lieferte eine schwache Partie ab, auch wenn er per präzisem Eckball die Vorlage für Frank Mill zur 1:0-Führung lieferte. Mit einem 1:1 nach Verlängerung wurde erstmals in der Historie des DFB-Pokals ein Finale dann im Elfmeterschießen entschieden.

Dabei kam Matthäus eine entscheidende und tragische Rolle zu. Er trat als erster Schütze für Gladbach an. Er wollte ins rechte Eck schießen, doch er kam in Rücklage und jagte den Ball in die Wolken des Finalorts Frankfurt. Was für ein Drama! Kurzzeitig konnte Matthäus noch einmal aufatmen, denn für den FC Bayern verschoss Klaus Augenthaler vom Punkt. Das Elfmeterschießen ging ebenfalls in die Overtime, insgesamt traten 16 Schützen an. In der Schlussrunde zielte Gladbachs Norbert Ringels nur an den Pfosten, während Michael Rummenigge für Bayern München den Elfmeter verwertete. Der FC Bayern war Pokalsieger – doch viele Blicke richteten sich auf Matthäus, der zwar nicht den entscheidenden Elfmeter verschossen hatte, aber dennoch zur tragischen Figur der Partie geworden war.

Die Gladbacher Fans waren nun wütend auf Matthäus, was sie ihm beim regelmäßigen »Wiedersehen« in der Bundesliga spüren ließen. Als Matthäus in der Saison 1984/85 erstmals mit Bayern München zum Gastspiel auf dem Gladbacher Bökelberg antrat, pfiffen ihn die heimischen Fans gnadenlos aus und diffamierten ihn mit Sprechchören und Plakaten als »Judas«.

Die komplette Geschichte rund um das Pokalfinale erzählte Matthäus rund 30 Jahre später in seiner Biografie *Ganz oder gar nicht*. Dabei gab er für sein Desaster beim Elfmeterschießen Trainer Jupp Heynckes eine erhebliche Mitschuld. Heynckes hatte im Endspiel Matthäus völlig überraschend als rechten Verteidiger aufgestellt. Matthäus spielte auf ungewohnter Position mit wenig Orientierung und fühlte sich verunsichert. Zudem bekam er während der Partie durch einen Schlag ins Gesicht ein geschwollenes Auge. Und: Als es zum Elfmeterschießen kam, forderte Heynckes Matthäus insgesamt dreimal auf, als Schütze wie gewohnt anzutreten. Zweimal machte Matthäus in seiner Replik seinem Coach deutlich, dass er sich unsicher fühle und nicht zum Elfmeter antreten wolle – beim dritten Mal gab Matthäus dem stur wirkenden Heynckes nach. Auf die Frage, bei welchem der fünf Gladbacher Elfmeter er denn antrete wolle, antwortete Matthäus: »Gleich den ersten. Dann hab ich's hinter mir.« Das Desaster nahm seinen Lauf.

Nach dem Spiel weinte Matthäus in der Kabine und schämte sich für den verschossenen Elfmeter sehr. Seinen Teamkollegen war völlig klar: Matthäus hatte den Elfmeter nicht absichtlich verschossen, um seinen neuen Klub Bayern München einen Gefallen zu tun. Er war mit seinen 23 Jahren einfach nur dem mentalen Druck nicht gewachsen.

135 Seeigel-Stachel verhindern einen Besuch von Lothar Matthäus bei einer Misswahl

Lothar Matthäus lernte zu Beginn seiner Gladbacher Zeit Norbert Pflippen kennen, der ihm fortan lange Zeit als Spielerberater zur Seite stand. Pflippen, der 2011 verstarb, arbeitete einst in der Gladbacher Stadtverwaltung und hatte bereits zahlreiche Borussia-Profis auf seiner Klientenliste. Einst zählte auch der frühere Superstar Günter Netzer dazu.

Zwischen Matthäus und Pflippen entwickelte sich über die berufliche Zusammenarbeit hinaus eine enge Freundschaft. Im Sommer 1985 verbrachten die beiden Weggefährten gemeinsam mit ihren Ehefrauen Urlaub auf Mauritius – und wagten ein kleines Abenteuer: Als die beiden Männer von einer Misswahl auf einer Nachbarinsel erfuhren, so berichtet es Pflippen im Buch *Lothar Matthäus – Der Leitwolf*, charterten sie eine Motoryacht und machten sich zu dem Event auf, ohne den Ehefrauen etwas davon zu erzählen. Allerdings kenterte die Yacht, Pflippen und Matthäus schafften es gerade noch zu einem Felsen. Von dort aus kam ihnen ein Rettungsboot zu Hilfe. Jedoch war an den Besuch der Misswahl nicht mehr zu denken. Beide mussten ins Krankenhaus gebracht werden. Denn der Felsen war übersät von Seeigeln, die sich quasi mit ihren Stacheln die beiden heimlichen Ausflügler vorgeknöpft hatten. »Lothar hatte 135, ich 114«, fasste Pflippen das Ergebnis der Stachelzählung zusammen. So waren Matthäus und Pflippen mehr als bedient, denn sie mussten auch noch drei Tage bandagiert herumlaufen und bei den Ehefrauen zum Rapport antreten …

»Prügelknabe« Matthäus will »kein Chef mehr sein«

Lothar Matthäus wurde beim FC Bayern auf Anhieb Stammspieler. 16 Bundesligatore gelangen ihm bereits in seiner ersten Saison für die Münchner 1984/85. Trainer Udo Lattek wusste seinen Jungstar zu führen und zu formen. Zugleich lief es auch für die Mannschaft sehr gut. Der FC Bayern holte zwischen 1985 und 1987 gleich dreimal in Folge die deutsche Meisterschaft, zuvor waren die Münchner drei Saisons ohne Meistertitel geblieben. Auch wurde der 1. FC Nürnberg mit neun Meisterschaften vom FC Bayern mit nun zehn deutschen Meistertiteln als deutscher Rekordmeister abgelöst.

Der FC Bayern hatte allerdings in der zweiten Ära von Udo Lattek und in der ersten von Lothar Matthäus noch ein großes Ziel vor Augen: Nach 1976 wollten die Münchner erstmals wieder den Europapokal der Landesmeister gewinnen. Am 27. Mai 1987 gab es im Finale von Wien die große Chance dazu: Angeführt von Kapitän Lothar Matthäus, der ein Jahr zuvor mit Deutschland Vize-Weltmeister geworden war, ging der FC Bayern gegen den FC Porto als Favorit ins Endspiel um den bedeutendsten Pokal im europäischen Vereinsfußball.

Zunächst nahm das Finale auch seinen erwarteten Verlauf. In der 25. Spielminute erzielte Ludwig Kögl das 1:0 für den FC Bayern. Der Cup schien für Matthäus und Co zum Greifen nah. Doch während die Münchner in der zweiten Halbzeit nicht mehr zulegen konnten, wirkte Porto wie ausgewechselt und drehte auf. Mit zwei Toren – ein Treffer davon durch Rabah Madjer mit der Hacke – innerhalb von vier Minuten (77. und 80.) bogen die Portugiesen die Partie um und schnappten den Münchnern den sicher geglaubten Titel weg.

Trauer und Wut waren nach dem verlorenen Endspiel auf Seiten des FC Bayern groß. Auch wenn im Grunde der kompletten Mannschaft samt Trainer Udo Lattek in dieser bedeutenden Partie Fehler unterliefen, kanalisierte sich ein Großteil der Kritik von Medien und Teamkollegen in Richtung Lothar Matthäus. Der Kapitän und Mittelfeldchef sei ein »Versager« und tauche in bedeutenden Spielen regelmäßig ab, so der Grundtenor der Anklage. Gegen Porto habe sich Matthäus im Mittelfeld immer mehr die Fäden aus der Hand nehmen lassen und sei deshalb für die bittere Niederlage der Münchner maßgeblich verantwortlich.

Lothar Matthäus selbst brauchte einige Tage, um das Spiel und die Kritik zu verdauen. Kurze Zeit später stellte er sich unter anderem in einem Interview mit dem *kicker*-Sportmagazin der Kritik. Der Fragesteller fasste die Vorwürfe an ihn zusammen und spitzte zu: »Sie waren der Prügelknabe von Wien.«

Matthäus berichtete in diesem Zusammenhang auch von einem kuriosen Vorfall innerhalb der Mannschaft. Teamkollege Michael Rummenigge, so Matthäus, sei auf einer Zeitung herumgetrampelt, »weil er dort die gleiche schlechte Note erhalten hatte wie ich und sich nicht mit mir auf eine Stufe stellen lassen wollte«. Matthäus versicherte jedoch, dass es eine Aussprache gegeben habe und sich viele Teamkollegen aufgrund des verlorenen Finales nun auch an die eigene Nase fassen würden.

Matthäus bezog noch weiter Stellung und gab sich dabei selbstkritisch. »Wenn ich ein großer Spieler sein will, muss ich diesen Tiefschlag wegstecken«, formulierte er einen Anspruch an sich. Und: »Ich habe immer nur darüber nachgedacht, warum ich versagt habe. Aber ich habe keine Erklärung gefunden.« In der zweiten Halbzeit gegen Porto sei ihm bewusst geworden, dass das Spiel an ihm vorbeilaufe, doch durch die 1:0-Führung im Rücken habe er einfach darauf gehofft, dass er und die Mannschaft den Sieg über die Zeit retten könnten.

Angesprochen darauf, ob es für ihn eine nicht zu große Bürde sei, Chef der Mannschaft zu sein, stellte Matthäus klar: Er selbst habe nie gefordert, Chef zu sein. Die sei von Medien, Trainern und Managern in Nationalmannschaft und beim FC Bayern an ihn herangetragen worden. Er selbst wolle einfach nur Spiele entscheiden, diese Qualität habe er oft genug bewiesen.

Matthäus räumte ein, sich im Vorfeld des Endspiels selbst zu viel Druck gemacht zu haben und dadurch womöglich während der Partie verkrampft gewesen zu sein. Es sei aber »Quatsch«, ihn als »Schönspieler« zu bezeichnen, denn etwa bei der Weltmeisterschaft 1986 – Matthäus erzielte unter anderem im Achtelfinale gegen Marokko den 1:0-Siegtreffer – habe er bereits bewiesen, Spiele entscheiden zu können.

Außerdem betonte Matthäus, sei er gar kein klassischer Spielmacher oder Regisseur, wie viele Experten glaubten. Er sei kein Spielertyp wie einst Günter Netzer oder Wolfgang Overath und besitze nicht deren Genialität während einer Partie. Matthäus fasste seine besonderen Qualitäten zusammen: »Dynamik, Kraft, Aggressivität, die Schusskraft, das sind Attribute, die zu mir passen.«

Matthäus jedenfalls zog für sich Konsequenzen aus der Niederlage gegen Porto: »Ich werde mich nicht mehr als Chef oder Spielmacher hinstellen lassen. Ich wollte nie Chef sein, will kein Chef mehr sein, kann das nicht mehr hören.« Er wolle sein Spiel spielen, »das des Lothar Matthäus«. Und er versprach: »Ich will endlich beweisen, dass ich auch in wichtigen Spielen große Leistungen bringen kann.«

»Autowäscher« statt Stilikone? Lothar Matthäus schockt zum Auftakt seine Teamkollegen bei Inter Mailand

Nach einem titellosen Jahr unter dem neuen Bayern-Trainer Jupp Heynckes und einer enttäuschenden Heim-Europameisterschaft – die deutsche Nationalmannschaft schied im Halbfinale gegen die Niederlande aus – wechselte Lothar Matthäus im Sommer 1988 für die Ablöse von rund 7,5 Millionen D-Mark und einem Jahresgehalt von netto 1,6 Millionen-D-Mark zu Inter Mailand. Matthäus hatte immer wieder Angebote aus der Serie A erhalten, die in Sachen Bezahlung und Infrastruktur als Spielerparadies Nummer eins galten. Da die Kritik an ihm in München zunahm, war für Matthäus in allen Bereichen der richtige Zeitpunkt gekommen, um den Schritt ins Ausland zu wagen. Auch die anstehende Weltmeisterschaft 1990 in Italien dürfte eine Rolle gespielt haben. Zudem waren zahlreiche weitere Stars in der Serie A vorzufinden: Der SSC Neapel wusste Weltmeister Diego Maradona in seinen Reihen. Der amtierende Meister AC Mailand wartete mit den aktuellen Europameistern Ruud Gullit, Marco van Basten und Frank Rijkaard auf. Inters Deal mit Matthäus wurde bereits vor der EM fix gemacht – und Matthäus überzeugte die

Klubführung auch noch, Andreas Brehme von München nach Mailand zu locken. 1989 stieß zudem Jürgen Klinsmann zu Inter hinzu.

Bereits am ersten Trainingstag erfuhr Lothar Matthäus allerdings, dass nicht nur die Leistung auf dem Platz stimmen muss. Auch außerhalb des Platzes war der 27-Jährige gefordert. Walter Zenga, damals Torwart von Inter Mailand, berichtete später in einem Gastbeitrag (*Lothar Matthäus – Der Leitwolf*) von der ersten kuriosen Begegnung zwischen Matthäus und seinen neuen Teamkollegen in der Mailänder Umkleidekabine.

Demnach seien die alteingesessenen Profis zum Trainingsauftakt 1988 bei bester Laune gewesen, als plötzlich Neuzugang Matthäus die Kabine betrat. »Schlagartig», schilderte Zenga, habe Totenstille im Umkleideraum geherrscht. Die Spieler musterten Matthäus – und waren offenbar schockiert. »Das soll der große Mittelfeldstratege aus Deutschland sein?« – so deutete Zenga die erstaunten Blicke seiner Teamkollegen. Es ging allerdings nicht um ein sportliches Thema, was Irritationen bei den Inter-Profis auslöste. »Unser Erstaunen bezog sich auf seine Kleidung«, löste Zenga die Situation auf. Italiener seien sehr modebewusst – Matthäus wirkte offenbar wie das Gegenteil einer Stilikone. Zenga spitzte zu: »Mit einem T-Shirt, Turnhose und Sportschuhen bekleidet, sah er eher aus, als wolle er unsere Autos waschen.«

Der Keeper jedenfalls wollte damals den Moment der »peinlichen Stille« schnell überspielen, er ging nach der Musterung auf Matthäus zu und stellte ihm seine neuen Teamkollegen vor – und auch am Nachmittag kümmerte sich Zenga intensiv um Matthäus. Allerdings nicht ohne Hintergedanken. Zenga organisierte eine Stadtrundfahrt für Matthäus, die auch besonders wichtige Zwischenstationen enthielt. »Wir besuchten rein zufällig auch meine bevorzugten Herrenausstatter«, verriet Zenga. Fortan wusste Matthäus, dass ein (künftiger) Superstar in Italien zugleich eine Stilikone sein sollte.

»Il grande«

Ein Jahr vor seinem Wechsel zu Inter Mailand hatte Lothar Matthäus noch betont, er wolle kein Chef und Spielmacher einer Mannschaft sein. Der neue Trainer von Lothar Matthäus besaß eine andere Meinung. Giovanni Trapattoni, der schon lange die Karriere von Matthäus verfolgt und auf einen Transfer gehofft hatte, nahm seinen neuen Star in die Verantwortung. Es begann mit der Wahl der Trikotnummer. Matthäus trug in Gladbach, München und der Nationalmannschaft die Nummer acht, Trapattoni überzeugte ihn nun, die Nummer zehn zu übernehmen, die damals bedeutendste Nummer in einer Fußballmannschaft. Denn die Nummer zehn war eben doch Chef auf dem Platz und in der Regel der Spielgestalter. Trapattoni beruhigte Matthäus allerdings. Er solle nur seine eigenen Qualitäten ins Spiel einbringen, er müsse sich nicht verstellen, aber er verlange, dass Matthäus auf dem Platz Verantwortung für die Mannschaft übernehme und sie aus dem Mittelfeld heraus anführe.

Matthäus nahm motiviert seine neue Rolle an und legte mit Inter, das den »Scudetto« zuletzt 1980 geholt hatte, einen sensationellen Start in der Serie A hin. Inter gewann acht der ersten neun Spiele, dazu gab es ein Remis. Matthäus traf bereits bei seinem ersten Liga-Einsatz für Inter, im Duell gegen Pisa sorgte er für den 4:1-Endstand. Die »Nerazzurri« überrollten die Serie A, einzig im Europapokal gab es einen Rückschlag: Im Achtelfinale des UEFA-Cups gewann Inter zunächst das Hinspiel mit 2:0 beim FC Bayern, doch die Münchner holten im Rückspiel einen 3:1-Sieg heraus und kamen aufgrund der Auswärtstor-Regel bei Gleichstand in die nächste Runde.

In der Serie A blieb Inter dagegen auf Kurs. Matthäus wurde Liebling der Fans, er emotionalisierte Anhang und Teamkollegen und baute einen engen Bezug zu allen auf. Bereits nach wenigen Monaten konnte er sich gut verständlich in Italienisch ausdrücken, was er bei regelmäßigen Interviews im italienischen TV unter Beweis stellte.

Der Höhepunkt der Saison folgte am 28. Mai 1989, dem 30. von damals 34 Spieltagen in der Serie A. Tabellenführer Inter empfing den ärgsten Verfolger im Kampf um die Meisterschaft: den SSC Neapel. Die Gäste gingen in der 36. Spielminute mit 1:0 in Führung, Inter gelang in der zweiten Halbzeit früh der Ausgleich (49.). In der 83. Spielminute folgte der Höhepunkt der Partie: Inter erhielt einen Freistoß in zentraler Position, rund 18 Meter vor dem Tor der Neapolitaner. Lothar Matthäus lief mit wenigen Schritten an und schoss den Ball flach ins linke Eck – es war der Siegtreffer zum 2:1! Fans und Teamkollegen gerieten vor Freude außer Rand und Band. Mit dem Sieg gegen Napoli stand Inter vorzeitig als Meister fest. Matthäus, der zunächst relativ typische Spitznamen für einen Deutschen erhalten hatte – »Il tedesco« (»Der Deutsche«) und »Il panzer« (»Der Panzer«) – bekam mit der Zeit nun einen besonderen Beinamen: »Il grande« (»Der Große«). 1991 gewann Matthäus mit Inter noch den UEFA-Cup, bevor er sich schwer verletzte und 1992 wieder zum FC Bayern zurückkehrte. Inter Mailand ließ Matthäus im Jahr 2018 eine besondere Ehre zukommen und nahm »grande Lothar« in die »Hall of Fame« des Klubs auf.

3:1 gegen Jugoslawien: Das berühmteste Tor von Lothar Matthäus

150 Länderspiele hat Lothar Matthäus für die deutsche Nationalmannschaft bestritten. Er ist damit Rekord-Nationalspieler. Wenn er nach seinem besten Spiel für das DFB-Team gefragt wird, dann nennt er in der Regel das erste Gruppenspiel der deutschen Mannschaft bei der Weltmeisterschaft 1990 in Italien.

Das deutsche Team zählte nach zwei zweiten Plätzen in Folge bei den Weltmeisterschaften 1982 und 1986 erneut zu den Mitfavoriten auf den WM-Titel. Die Mannschaft, angeführt von Teamchef Franz Beckenbauer und Kapitän Lothar Matthäus, startete am 11. Juni 1990 ins Turnier. In der Gruppe D kam es zum Duell gegen (das ehemalige) Jugoslawien.

Dabei hatte Lothar Matthäus mit seinen Teamkollegen Andy Brehme und Jürgen Klinsmann quasi Heimspiel, denn die Partie wurde im Giuseppe-Meazza-Stadion ausgetragen, der Heimspielstätte von Inter und AC Mailand.

In den ersten Minuten wirkte das DFB-Team jedoch noch verkrampft, der »Kaiser« grantelte bereits von der Trainerbank aus, bevor Matthäus das Heft des Handelns in die Hand nahm. In der 28. Spielminute gelangte über die rechte Seite der Ball in die Mitte zu Matthäus, der mit dem Rücken zum Tor der Jugoslawen stand. Er nahm den Ball an, drehte sich kurz Richtung Mitte, er lief noch ein paar Schritte und zog aus rund 20 Metern Entfernung mit seinem schwächeren linken Fuß ab. Der aufsetzende Schuss landete platziert in der linken Ecke – die 1:0-Führung für das DFB-Team war perfekt. Jürgen Klinsmann erhöhte in der 39. Spielminute nach Vorlage von Andy Brehme auf 2:0. Davor konnte Jozić nach 55 Spielminuten für Jugoslawien auf 1:2 verkürzen. Dann folgte der große Auftritt des Lothar Matthäus:

Die deutsche Abwehr fing einen Angriff der Jugoslawen ab, Klaus Augenthaler schaltete schnell um und passte den Ball zu Matthäus. Der damals 29-Jährige stand in den Startlöchern für ein atemberaubendes Solo, das die komplette Fußballwelt faszinierte und die deutschen Fans in Ekstase versetzte: In halblinker Position, zehn Meter vor der gegnerischen Hälfte, schaltete Matthäus mit Ball am Fuß den Turbo an. Zunächst hängte er einen Gegenspieler ab, der rechts von ihm sogar einige Meter Vorsprung besessen hatte. Dann verließ der zentrale Abwehrspieler der Jugoslawen die

Deckung und rannte mit vollem Tempo Matthäus entgegen. Matthäus, ohnehin schnell und wendig unterwegs, machte beim Dribbling einen leichten Schlenker rechts in die Mitte und schüttelte auch diesen Gegenspieler, der am Ende noch mit gestrecktem Bein Matthäus zu foulen versuchte, ab. Matthäus lief weiter auf das jugoslawische Tor zu, zwei Verteidiger standen noch in seiner Nähe, doch durch geschickte Laufwege seiner Teamkollegen Rudi Völler und Jürgen Klinsmann wirkte das gegnerische Duo zögerlich. Matthäus war nun 26 Meter vor dem jugoslawischen Tor angelangt, er sah den idealen Zeitpunkt gekommen, um den Angriff abzuschließen. Aus halbrechter Position zog er mit dem rechten Fuß ab und schoss den Ball mit 105 km/h platziert und leicht aufsetzend links unten ins Eck. Matthäus lief zum Torjubel Richtung rechte Eckfahne, machte fast einen Rückwärtssalto und ließ sich von Fans und Teamkollegen bejubeln.

Sechs Minuten später erzielte Rudi Völler noch den Endstand zum 4:1 für das deutsche Team. Das Traumtor von Matthäus zum 3:1 gilt als sein berühmtestes und bedeutendstes in seiner Karriere. Mit diesem Treffer avancierte Matthäus endgültig zum Weltstar. Dieses Tor spiegelte viele seiner Qualitäten wider, vor allem die Dynamik und Präzision, die in diesem Tor steckte, galt als unvergleichlich.

Er habe einige gute Spiele für die deutsche Mannschaft absolviert, betonte Matthäus 2007 in einem Interview mit der offiziellen Seite des Weltfußballverbandes FIFA, »doch ich glaube, das Eröffnungsspiel bei der WM 1990 steht über allen. In diesem Spiel gegen Jugoslawien haben wir den Grundstock gelegt zum späteren Titelgewinn«. Matthäus führte aus: »Wir haben gegen eine starke jugoslawische Mannschaft, die später im Viertelfinale gegen Argentinien erst im Elfmeterschießen ausgeschieden ist, mit 4:1 gewonnen, und ich habe zwei Tore dazu beigesteuert. Es war mein 75. Länderspiel und, ich glaube, auch mein bestes von insgesamt 150 Länderspielen, die ich für Deutschland bestritten habe.«

Die Fans wählten später das 3:1 von Matthäus zum »Tor des Jahres 1990«.

Warum Andy Brehme und nicht Lothar Matthäus im WM-Finale 1990 zum Elfmeter antrat

Lothar Matthäus drückte der Weltmeisterschaft 1990 seinen Stempel auf – und doch gibt es immer wieder eine Frage, die subtil seine außerordentliche Leistung bei dem Turnier schmälern soll. Hat Matthäus beim womöglich bedeutendsten Moment seiner Karriere sich der Verantwortung nicht gestellt?

Am 8. Juli 1990 kam es zur Neuauflage des WM-Finales von 1986 zwischen Deutschland und Argentinien. Anders als vier Jahre zuvor, als Matthäus als Manndecker von Diego Maradona fungierte, das deutsche Team sich aber damit seiner offensiven Kraft deutlich beraubte, nahm dieses Mal Guido Buchwald Maradona in Manndeckung. Matthäus konnte als Spielgestalter agieren. Diese taktische Umstellung von Teamchef Franz Beckenbauer war wohl auch ein Grund dafür, warum Deutschland das Finale gegen die Südamerikaner dominierte. Einzig ein Tor wollte dem DFB-Team lange Zeit nicht gelingen, zumal bei einem klaren Foulspiel der Argentinier an Klaus Augenthaler der Elfmeterpfiff von Schiedsrichter Edgardo Codesal ausblieb.

Doch sieben Minuten vor Spielende schaltete Lothar Matthäus im Mittelfeld erneut den Turbo an und spielte einen Traumpass in den Strafraum auf Rudi Völler. Der deutsche Stürmer fiel zu Boden, auch wenn er nur leicht berührt wurde. Doch dieses Mal entschied Schiedsrichter Codesal auf Elfmeter für Deutschland. Als Schütze Nummer eins war Lothar Matthäus vorgesehen, doch anders als etwa im Viertelfinale gegen die damalige Tschechoslowakei (1:0) trat er nicht zum Elfmeter an. Für nahezu alle Fans und Experten wirkte dies im ersten Moment überraschend, der damalige Co-Kommentator der ARD, Karl-Heinz Rummenigge, hatte die Situation dagegen kommen sehen. Er tippte umgehend nach dem Pfiff des Schiedsrichters auf Andreas Brehme als Schützen. »Bei Inter Mailand in den ganz, ganz wichtigen Spielen hat Lothar ihm immer diesen Ball überlassen – und Brehme hat eigentlich auch dort nie versagt«, erklärte der ehemalige Profi von Bayern München und Inter Mailand den Zuschauern. Und Rummenigge sollte mit seiner Expertise Recht behalten.

Andreas Brehme verwandelte gegen den »Elfmetertöter« Sergio Goycochea – der Keeper hatte die Argentinier in zwei Elfmeterschießen erfolgreich durch das Turnier gebracht – den Ball sicher links unten im Eck. Wenige Minuten später war Deutschland Weltmeister – und Lothar Matthäus hievte als Kapitän der Mannschaft den WM-Pokal als Erster in den Nachthimmel von Rom. Es tat dabei dem Weltruhm von Matthäus keinen Abbruch, den Elfmeter seinem Freund, Zimmer- und Teamkollegen Andy Brehme überlassen zu haben. Doch in Fußball-Deutschland gilt die Szene auch heute noch als heißes Diskussionsthema.

Matthäus selbst ließ einige Zeit verstreichen, bis er das Geheimnis lüftete, warum er nicht zum Elfmeter angetreten war. Im Kern erzählt er die folgende Anekdote seit rund 25 Jahren gleichlautend:

1988 beim Benefiz-Abschiedsspiel des französischen Superstars Michel Platini hatte Diego Maradona seine Fußballschuhe vergessen, was der Argentinier beim Mittagessen vor der Partie zum Thema machte. Der ebenfalls eingeladene Lothar Matthäus hatte dagegen gleich zwei Paar Schuhe dabei. Im Verein und bei Benefizspielen lief er in seinen geliebten Puma-Schuhen auf. Bei der deutschen Nationalmannschaft, wohin Matthäus in Vorbereitung auf die Europameisterschaft 1988 dann weiterreiste, musste er aufgrund von vertraglichen Verpflichtungen des Verbands in Schuhen von Adidas auflaufen.

Für das Abschiedsspiel trug Matthäus demnach die Schuhe von Puma – seine Adidas-Treter für die Nationalmannschaft lieh er Maradona aus. Laut Biografie *Ganz oder gar nicht* kam es für Matthäus dann zu einem »magischen Moment«: »Maradona veränderte vor dem Spiel die Schnürung des Schuhs. Er nahm die Senkel komplett raus, arrangierte sie nach einem ganz bestimmten Muster – über Kreuz, gerade hoch, über Kreuz, gerade hoch – und band den Schuh lockerer.«

Matthäus spielte danach mit diesem speziell geschnürten Schuh stets bei der Nationalmannschaft weiter – bis es im WM-Finale 1990, ausgerechnet im Duell gegen Maradona und Argentinien, zu einem dramatischen Ereignis kam. Nach rund 30 Minuten brach die Sohle des Schuhs, Matthäus benötigte in der Halbzeit ein neues Paar. Der Zeugwart hatte jedoch nur eine kleine Auswahl an Ersatzschuhen – ein für damalige Verhältnisse kein ungewöhnlicher Zustand. Die gewohnte Schuhgröße von Matthäus – die 7 – besaß er nicht im Repertoire. Immerhin erhielt Matthäus ein Paar mit Schuhgröße 7.5, wodurch seine weitere Teilnahme am Finale gesichert war.

Als es nun in der zweiten Halbzeit zur besagten Elfmetersituation in der 83. Spielminute kam, wollte Matthäus nicht antreten und sagte zu Brehme: »Neue Schuhe. Schieß du!«

Rund 30 Jahre später im Podcast »Phrasenmäher« der *Bild*-Zeitung räumte Matthäus ein: »Ich hätte den Elfmeter gerne geschossen. Ich hatte vorher schon einige Elfmeter verwandelt: Im Viertelfinale gegen die Tschechoslowakei und auch im Halbfinale beim Elfmeterschießen gegen die Engländer. Aber mit diesen neuen Schuhen, die ich in der Halbzeit angezogen habe, habe ich mich nicht sicher gefühlt.«

Matthäus betonte, es sei deshalb eine seiner »besten und klügsten Entscheidungen« gewesen, die Verantwortung an Andy Brehme weitergegeben zu haben. »Das heißt nicht, dass ich mich vor der Verantwortung gedrückt habe«, mahnte Matthäus an und erinnerte: »Ich habe sehr häufig bei Elfmetern Verantwortung übernommen, aber ich habe auch schon schlechte Erfahrungen gemacht, beispielsweise im DFB-Pokalfinale 1984. Damals hat mich Jupp Heynckes praktisch dazu gezwungen, den Elfmeter zu schießen.« Bekanntlich unterlag Borussia Mönchengladbach auch durch seinen verschossenen Elfmeter dem FC Bayern im Shootout, Matthäus wurde zum »Buhmann« der Gladbacher. »Diese Erfahrung von 1984 war für mich wichtig: Wenn du dich nicht sicher fühlst beim Elfmeter, dann sollst du es sein lassen.« So habe er demnach 1990 die richtige Entscheidung getroffen, um den Erfolg der Mannschaft nicht zu gefährden.

Manche Fans zweifeln noch heute die »Schuh-Version« von Matthäus an. Den Zweiflern gibt Matthäus quasi eine Detektivaufgabe mit an die Hand. In der ersten Halbzeit des Finals, so Matthäus im Interview beim »Phrasenmäher«-Podcast, habe er Adidas-Schuhe des Modells »World Cup« aus dem Jahr 1982 getragen. In der zweiten Halbzeit habe er mit dem Modell für die Weltmeisterschaft 1990 gespielt. Das 1990er-Modell von Adidas besitze keine klassischen schwarz-weißen, sondern eher grünliche Streifen seitlich am Schuh.

Den kaputten Schuh selbst hat Lothar Matthäus übrigens aufgehoben: Er steht in Erinnerung an das kuriose WM-Finale 1990 bei ihm zu Hause.

Zeitdruck bei der Wahl zum »Weltfußballer«

»Deutschlands Fußballer des Jahres«, »Europas Fußballer des Jahres« und »Europas Sportler des Jahres« – nach der Weltmeisterschaft 1990 erhielt Lothar Matthäus zahlreiche bedeutende Auszeichnungen, die ihn mit Stolz erfüllten.

Doch bei einem Preis wirkte er offenbar noch nicht ganz im Bilde. Es war ausgerechnet jene Auszeichnung, die heute als die individuell höchste für einen Profifußballer gilt: die des Weltfußballers. Seit rund zehn Jahren konkurrieren insbesondere die Superstars Lionel Messi und Cristiano Ronaldo um die heiß begehrte Auszeichnung, die ersten zwei Jahre ging der Preis an Lothar Matthäus. 1990 war es noch eine inoffizielle Wertung, 1991 bereits eine offizielle des Weltverbands FIFA.

Dass Matthäus womöglich zu Beginn die Bedeutung des Preises noch nicht einschätzen konnte, damit stand er nicht alleine da. Im Grunde war wohl nur Initiator Rainer Holzschuh, der einstige Chefredakteur und zuletzt Herausgeber des *kicker*-Sportmagazins, bewusst, welches Ansehen dieser Preis schon bald im Weltfußball einnehmen würde.

Um der neuen Auszeichnung schnell die angemessene Bedeutung zu schenken, legte sich Holzschuh mächtig ins Zeug, wie er in einem Gastbeitrag in *Lothar Matthäus – Der Leitwolf* schilderte. Die FIFA habe seine Idee aufgenommen, jährlich einen Weltfußballer zu bestimmen. Für die Umsetzung des Vorhabens sei er von der FIFA beauftragt worden.

»Rund ein Drittel der in aller Welt vom *kicker* angeschriebenen Nationaltrainer hatte als Jury mitgemacht und den Kapitän des Weltmeisters auf den ersten Platz gesetzt«, berichtete Holzschuh. Der Sportjournalist arrangierte daraufhin, bei der Auslosung für die Qualifikationsrunde zur WM 1994 ein Interview mit Preisträger Lothar Matthäus einzubinden. Holzschuh nahm dafür die Reise nach Italien auf, um sich mit dem besten Fußballer der Welt zu treffen. Doch Nebel am Mailänder Flughafen sorgte für eine vierstündige Verspätung bei der Ankunft Holzschuhs in Matthäus' Haus. Matthäus geriet deshalb in Unruhe.

»Reichlich unter Zeit- und Nervendruck drohte Lothar, die offizielle ›Zeremonie‹ der Übergabe mit geplantem Interview zu kippen«, schilderte Holzschuh die missliche Lage. Aber bei einem Gespräch in der »Küche und mit Hilfe eines schnurrenden Katers als psychologischem Katalysator« habe er Matthäus veranschaulichen können, »was dieser Titel in der Zukunft für einen Stellenwert besitzen werde«.

Bis heute ist Matthäus der einzige deutsche Fußballer, der zum »Weltfußballer« gekürt wurde.

»Ein Lothar Matthäus lässt sich nicht von seinem Körper besiegen, ein Lothar Matthäus entscheidet selbst über sein Schicksal«

Sprüche von Lothar Matthäus in kuriosen Zitate-Sammlungen dürfen nicht fehlen. Oftmals versucht der Medien-affine Matthäus eine Kernbotschaft in einfacher, bildlicher Sprache an die Zuschauer und Fans zu vermitteln. Der Vorsatz konnte von ihm sicherlich nicht immer ideal umgesetzt werden. So klingt auch sein Ausspruch »ein Lothar Matthäus lässt sich nicht von seinem Körper besiegen, ein Lothar Matthäus entscheidet selbst über sein Schicksal« zunächst kurios, doch steckt dahinter eine beeindruckende Willensleistung des Weltmeisters.

Denn auch nach dem WM-Jahr 1990 blieb das Leben des Lothar Matthäus sehr abwechslungsreich. Er vollzog endgültig die Trennung von seiner ersten Ehefrau Silvia und zog mit Lolita Morena zusammen. Das Herz von Matthäus schlug schon länger für die Schweizer TV-Moderatorin, die vier Sprachen beherrscht, einst Archäologie studierte und 1982 zur Miss Schweiz gewählt wurde. Auf sportlicher Ebene ärgerte sich Matthäus dagegen darüber, dass ihn Inter Mailand im Frühjahr 1991 trotz eines Ablöseangebots in Höhe von 17 Millionen D-Mark nicht zu Real Madrid ziehen ließ.

Mit Inter und einem neuen Trainer ging es in der Saison 1991/92 dann sportlich bergab – und auch Matthäus ereilte ein großer persönlicher Rückschlag. Am 12. April 1992 erlitt er beim Spiel auf holprigem Rasen gegen den AC Parma einen Kreuzbandriss. Bei dieser schweren Verletzung drohte Fußballprofis damals das zeitnahe Karriereende. Jedoch entwickelte Matthäus einen enormen Ehrgeiz und legte große Disziplin und Organisationskunst an den Tag, um sich im Alter von 31 Jahren gegen dieses Schicksal zu stemmen.

Matthäus begab sich in Absprache mit Dr. Hans-Wilhelm Müller-Wohlfahrt, dem Teamarzt der deutschen Nationalmannschaft und des FC Bayern, zehn Tage nach seiner Verletzung bereits zur Operation in die USA. Dr. Richard Steadman, einer der führenden Ärzte in Sachen Knieverletzungen, nahm sich dem Fall Matthäus an und wendete eine relativ neue OP-Methode an: Steadman implantierte einen Teil der Patellasehne ins Kreuzband. Danach zog Matthäus, unter medizinischer (Fern-)Begleitung von Steadman und Müller-Wohlfahrt, ein rund viermonatiges Reha-Programm fast im Alleingang durch, auch wenn privat ein Großereignis vor der Tür stand: Lolita

Morena war in der Endphase ihrer Schwangerschaft und erwartete schon bald Sohn Loris auf der Welt.

Die Familie lebte in ihrem Haus im italienischen Civate. Dort wandelte Matthäus nach der Geburt von Loris die große Garage in ein Reha-Zentrum um. Er ließ sich Fitnessgeräte für seine Reha liefern, darunter eine Beinpresse und ein Laufband. Gleichzeitig versorgte er sich mit TV-Sendern und Satellitenprogrammen, um die Leistungen des DFB-Teams bei der Europameisterschaft 1992 in Schweden und Dänemark zu verfolgen. Und »Motivationskünstler« Matthäus hängte sich zudem noch an die Garagenwand einen Zeitungsartikel, der bereits in Großbuchstaben über das Karriereende von Matthäus spekulierte. Mit dem Glaubenssatz »meine Karriere beende ich immer noch selber« – nachzulesen in der Biografie *Ganz oder gar nicht* – motivierte sich Matthäus zusätzlich, um das Unmöglich wirkende möglich zu machen: sein schnelles Comeback im internationalen Top-Fußball.

Seine Schufterei hielt Matthäus nicht nur vor den Medien geheim, sondern auch vor seinem aktuellen Arbeitgeber Inter Mailand. Matthäus war sauer auf Inter. Die Klubführung hatte sich bei ihm kaum nach seinem Gesundheitszustand erkundigt, darüber hinaus verpflichtete der Verein im Sommer 1992 zahlreiche weitere Stars. Matthäus fühlte sich alleine gelassen und gewann den Eindruck, Inter werde in Zukunft nicht mehr sonderlich auf seine Dienste zählen.

Der Genesungsprozess von Matthäus schritt aber immer besser voran, mit einem Amateur-Torwart aus der Region führte er erste Schussübungen durch und im letzten Drittel der Reha kamen noch viele einsame Wald- und Belastungsläufe hinzu. Es war eine Quälerei, doch Matthäus ordnete seinem Comeback alles unter.

Seine Rückkehr auf den Platz hatte er aber nicht mehr im Trikot von Inter Mailand geplant. Matthäus feilte daran, zu Bayern München zurückzukehren. Über einen gut vernetzten Freund, Rudi Houdek, wurde die geheime Mission »Sensationstransfer« eingeleitet. Die Verantwortlichen des FC Bayern mit Franz Beckenbauer, Manager Uli Hoeneß und Trainer Erich Ribbeck stimmten dem Vorhaben zu und konnten am Ende Matthäus relativ günstig erwerben. Die schlecht informierten Inter-Bosse stimmten dem Abgang von Matthäus für eine Ablösesumme von »nur« vier Millionen D-Mark zu.

Rund fünf Monate nach seiner schweren Verletzung bestritt Matthäus wieder ein Pflichtspiel: Am 19. September 1992 lief er für den FC Bayern im Heimspiel gegen Wattenscheid 09 auf. Die Partie endete allerdings nur 1:1, Matthäus musste als Linksverteidiger spielen und schon nach wenigen Tagen kam öffentlich die Frage auf, ob er überhaupt wieder zu alter Topform zurückfinden könne.

Die eindeutige Antwort gab Matthäus all seinen Zweiflern auf dem Platz. Am 21. November 1992 gastierte der FC Bayern bei Bayer Leverkusen. Beim Stande von 1:1 erhielt Bayern einen Eckball von der linken Seite. Im Strafraum tummelten sich nahezu alle Feldspieler, Matthäus stand dagegen in rund 25 Meter halbrechter Position frei vor dem Leverkusener Strafraum. Mehmet Scholl führte die Ecke aus und schlug den Ball überraschend und technisch anspruchsvoll Richtung Matthäus. »Der Ball flog sehr lange. Ich fixierte ihn, beschwor ihn förmlich in seinem Flugverlauf, ging ein, zwei, drei Schritte nach vorne und traf den Ball perfekt mit dem rechten Fuß, dem verletzten Bein«, umschrieb Matthäus rückblickend in *Ganz oder gar nicht* seinen Gedankengang zu dieser berühmten Szene. Er traf das Leder perfekt, der Ball rauschte wie eine Rakete ins linke Kreuzeck – es war ein absolutes Traumtor. Nahezu alle Spieler herzten Matthäus für diesen sensationellen Treffer, der später zum »Tor des Jahres« gekürt wurde. Für Matthäus besaß dieser Treffer beim 4:2-Sieg in Leverkusen eine noch größere Bedeutung. Für ihn war es der Lohn seiner harten und disziplinierten Arbeit in der Reha und zugleich Genugtuung gegenüber seinen Kritikern, denn ein Lothar Matthäus entscheidet eben selbst über sein (sportliches) Schicksal.

Lothar Matthäus schickt 50 Weißwürste an Zinédine Zidane

Der FC Bayern musste in der Saison 1995/96 zum zweiten Mal in Folge zusehen, wie Borussia Dortmund die Deutsche Meisterschaft feierte. Dennoch besaßen die Münchner die Chance, die Saison noch einigermaßen erfolgreich abzuschließen. Sie standen im Finale des UEFA-Cups gegen Girondins Bordeaux und gewannen das Hinspiel im Olympiastadion mit 2:0.

Am 15. Mai 1996 stand das Rückspiel an.

Lothar Matthäus hatte am Tag vor der Partie in Bordeaux aber nicht nur Fußball im Kopf, er war auf der Suche nach einem guten Rotwein aus der Region. Für das kommende Wochenende hatte er Bekannten in München versprochen, einen edlen Tropfen aus Frankreich zum Essen mitzubringen – und wen fragt ein Lothar Matthäus, wenn er den besten Wein aus der Region empfohlen bekommen will?

Wahrscheinlich sehr naheliegend: Er ruft den besten Spieler der gegnerischen Mannschaft an! Zinédine Zidane, der spätere Weltfußballer und Welttrainer, war 1996 noch Spielmacher von Girondins Bordeaux und erzählte später sinngemäß diese legendäre Anekdote über Matthäus, nachzulesen in *Der Leitwolf*.

Matthäus, so Zidane, habe seine eigentlich höchst geheime Handynummer herausgefunden. Zidane ging also nichts ahnend um 21 Uhr am Tag vor dem Finale ans Handy, als Lothar Matthäus sich bei Zidane vorstellte und sein Anliegen erklärte. Matthäus begründete seinen Anruf auch damit, dass Zidane seinen Informationen zufolge einer der besten Weinkenner der Region sei. Leider war Matthäus falsch informiert worden, denn Zidane trank keinen Alkohol und hatte demnach kaum eine Ahnung von der Qualität eines guten Weines. Doch der Franzose wollte natürlich den Weltmeister von 1990 nicht enttäuscht zurücklassen. Zum Glück stand Zidanes Team- und Zimmerkollege Christoph Dugarry zur Seite, der ihm auf einen Zettel einen »Mouton Rothschild 1995« aufschrieb. Matthäus hatte also seine Empfehlung erhalten.

Doch am nächsten Morgen plagten Zidane Zweifel, ob denn sein Wein-Tipp wirklich der richtige gewesen sei. So orderte Zidane umgehend selbst zwölf Flaschen »Mouton Rothschild 1995« und ließ sie per Kurierdienst an Matthäus in das Teamhotel des FC Bayern liefern. »Vielleicht tröstet Dich der Wein über die Final-Niederlage hinweg«, schrieb Zidane noch auf eine beiliegende Karte.

Am Abend gewann jedoch der FC Bayern auch das Rückspiel, mit einem 3:1-Erfolg sicherten sich die Münchner den UEFA-Cup und feierten ausgelassen.

Der Austausch zwischen Lothar Matthäus und Zinédine Zidane war aber mit dem Schlusspfiff auf dem Platz und der Pokalübergabe noch nicht beendet. Zwei Wochen nach dem Finale erhielt Zidane noch Post von seinem neuen Freund Lothar Matthäus. Dabei bedankte sich Matthäus im Gegenzug für die Wein-Empfehlung mit 50 frischen Weißwürsten aus Bayern – und fügte noch einen Spruch anbei: »Nicht im Wein liegt die Wahrheit, sondern in der Weißwurst.«

Enthüllungen? *Mein Tagebuch* war gar kein Tagebuch

Mitte der 1990er-Jahre waren es sportlich turbulente Zeiten für die deutsche Nationalmannschaft, den FC Bayern – und natürlich auch für Lothar Matthäus.

Matthäus spielte nach seiner Verletzung wieder stark auf, schon bald war seine neue Stammposition die des Liberos. Die Aufgabe als freier Abwehrchef war für Matthäus weniger laufintensiv, um sein lädiertes Knie nicht allzu großen Strapazen auszusetzen. Trotzdem konnte sich Matthäus immer wieder mit nach vorne ins Spiel einschalten.

Erst mit Interimstrainer Franz Beckenbauer holte der FC Bayern 1994 zum ersten Mal nach vier Jahren wieder die deutsche Meisterschaft – auch für Matthäus war es der erste Titel nach seiner Rückkehr nach München. Nach diesem Highlight folgte für Matthäus eine große Enttäuschung bei der Weltmeisterschaft 1994. Das Team unter der Führung von Bundestrainer Berti Vogts schied als Titelverteidiger bereits im Viertelfinale gegen Bulgarien mit 1:2 aus. Nach dem Turnier kamen erste Gerüchte auf, Berti Vogts würde künftig womöglich ohne den 33 Jahre alten Matthäus im DFB-

Team planen. Noch ließen sich aber die Gerüchte nicht bestätigen.

Beim FC Bayern erhielt Matthäus dagegen wieder großen Einfluss, er half bei der Verpflichtung von Giovanni Trapattoni, seinem ehemaligen Förderer bei Inter Mailand, zur Saison 1994/95. Starke Anpassungsschwierigkeiten ließen die Münchner Titelträume jedoch schnell platzen und für Matthäus kam ein weiterer Rückschlag hinzu: Im Winter 1994/95 erlitt er einen Achillessehnenriss. Matthäus plante sein Comeback wieder generalstabsmäßig, doch im Sommer 1995 machte ihm eine Zyste an der operierten Stelle zu schaffen und er musste erneut unter das Messer. Insgesamt fiel Matthäus rund ein Jahr aus, erst im Dezember 1995 spielte er wieder für den FC Bayern.

Er geriet nun in die Hochphase des »FC Hollywood« hinein. Der FC Bayern wollte mit seinem neuem Trainer Otto Rehhagel und zahlreichen verpflichteten Stars wie Jürgen Klinsmann Platz eins in der Bundesliga zurückerobern. In der Praxis gab es jedoch ein Hauen und Stechen zwischen mehreren Spielern und Interessensgruppen der Münchner, intern wie öffentlich. Die Situation war chaotisch.

Als die um Macht und Prestige kämpfenden Hauptkonkurrenten galten in der Öffentlichkeit

Lothar Matthäus und Jürgen Klinsmann – und dieser Machtkampf dehnte sich auch auf die Nationalmannschaft aus. Das Endergebnis: Matthäus zählte nicht zur deutschen Nationalmannschaft, die mit Kapitän Jürgen Klinsmann 1996 in England Europameister wurde.

Bei Bayern München versuchte Matthäus seinen Einfluss zurückzugewinnen. Dabei entgegen kam ihm die Rückholaktion von Giovanni Trapattoni als Bayern-Trainer in der Saison 1996/97. Die Team-internen Querelen blieben allerdings bestehen, doch dieses Mal holte sich der FC Bayern die Meisterschale von Borussia Dortmund zurück. Am Ende der Saison verließ Jürgen Klinsmann den FC Bayern, doch Lothar Matthäus hatte für die Sommerpause scheinbar noch einen echten »Knaller« parat:

Matthäus veröffentlichte ein Buch namens *Mein Tagebuch*. Über einige Wochen wurde bereits vor der Veröffentlichung des Buches die PR-Maschinerie angeworfen. Die Öffentlichkeit erhielt den Eindruck, Matthäus habe sich heimlich über seine Teamkollegen Notizen gemacht und packe nun den ganzen Schmutz über sie aus – vor allem über »Erzfeind« Jürgen Klinsmann. Am Tag der Buch-Veröffentlichung musste Matthäus bei der Führung des FC Bayern zum Krisengespräch antreten. Eine der Strafen lautete, Matthäus als Kapitän des FC Bayern endgültig abzusetzen.

Doch war *Mein Tagebuch* wirklich so skandalös, wie es zunächst wirkte? Mit den Maßstäben des Jahres 2020 auf keinen Fall, aber auch 1997 gab es wenig Skandalöses in dem Buch zu lesen. Matthäus kommentierte manche Ereignisse bei Bundesliga-Konkurrenten aus sportlicher Sicht, er versuchte sich immer wieder als engagierter Papa seiner drei Kinder zu zeigen, viele Tages-Einträge waren auch belanglos oder er nahm seine Teamkollegen für bestimmte sportliche Fehler in Schutz. Nur bei wenigen Tages-Einträgen, die meist nur aus einigen Sätzen bestanden, wurde es thematisch wirklich brisant. Das Highlight aus diesem Bereich dürfte sicherlich der lange Eintrag vom 14. März 1997 sein.

Nach Niederlagen in Leverkusen (2:5) und in Bielefeld (0:2) übernahm Rivale und Titelverteidiger Borussia Dortmund die Tabellenführung in der Bundesliga. Beim FC Bayern stand deshalb eine Team-interne Aussprache an. Nach dem Abendessen im Hotel »Limmer Hof«, wo die Mannschaft regelmäßig vor Heimspielen zusammenkam, sollte es bei den Münchner Profis richtig zur Sache gehen. Schon vor dem offiziellen Gesprächsstart stieß Matthäus aber etwas auf: Die acht deutschen Nationalspieler hatten sich schon eine halbe

Stunde vor dem geplanten Termin getroffen. Zum Team-offiziellen Gespräch kam auch die Führungsriege des FC Bayern hinzu. Präsident Franz Beckenbauer forderte die Spieler auf, eine ehrliche Aussprache zu führen und offen die Wahrheit zu sagen. Nach einiger Zeit des Schweigens, so umschrieb es Matthäus in *Mein Tagebuch*, meldete sich Jürgen Klinsmann zu Wort, der Matthäus angeblich an den Pranger stellte: »Lothar, du bist an allem schuld. Du gibst alle Interna an deinen Spezi weiter, diesen Journalisten.«

Mehrere Nationalspieler ergriffen dann nacheinander das Wort, und listeten Beispiele auf, wo sie sich von Matthäus verraten fühlten. Der Bayern-Kapitän war erzürnt über die zahlreichen Vorwürfe seiner Teamkollegen. »Mit Mühe bewahre ich die Fassung. Versuche, Fall für Fall, Vorwurf für Vorwurf zu entkräften«, so Matthäus, der dann doch zurückkeilte: »Im Gegensatz zu Euch bin ich kein Schleimer [...] Und wenn Ihr an der Säbener Straße um die Ecke gebogen seid, habt Ihr noch vor der ersten Ampel telefoniert.« Danach, so Matthäus, habe er sein Amt als Kapitän zur Verfügung gestellt. »Wenn acht wichtige Spieler zu mir kein Vertrauen mehr haben, hat es keinen Sinn mehr.« Von den Funktionären, so Matthäus, habe er Zuspruch erfahren. Franz Beckenbauer habe nach den Wortgefechten kommentiert: »Ihr seid eine Scheiß-Mannschaft« – und Manager Uli

Hoeneß habe versichert, dass Matthäus bestimmte Interna nicht verraten habe. So versicherte Matthäus seinen Lesern, er besitze wie jeder Star zu ausgewählten Journalisten intensive Kontakte, er würde aber nie Team-interne Themen, die einem Kollegen schaden könnten, der Öffentlichkeit zuspielen. »Sicher bin ich kein Engel. Aber andere anschwärzen, das ist nicht mein Ding«, schrieb Matthäus. Nach der Sitzung seien dann auch einige Nationalspieler zu ihm gekommen und hätten sich bei ihm entschuldigt.

Am nächsten Tag beim Heimspiel gegen Schalke ließ er aus Protest die Kapitänsbinde in der Kabine zurück. Das war der wohl spannendste Teil aus *Mein Tagebuch*. In der Biografie *Ganz oder gar nicht* stellte Matthäus 2012 klar, dass dieses Werk kein echtes Tagebuch gewesen sei. Dieses Projekt sei von zwei Journalisten der *Bild*-Zeitung initiiert worden, die er gut kannte. Es sei aber, präzise gesagt, eine Rückschau auf die Saison 1996/97 gewesen. »Wir setzten uns zusammen und gingen die Schlagzeilen der letzten Monate durch. Ich redete, die Redakteure notierten.«

Matthäus ging auch 2012 noch davon aus, dass wohl vor der Buchveröffentlichung Teamkollegen gegen dieses Projekt Stimmung gemacht hatten und ihn deshalb die Bayern-Führung im Sommer 1997 bestraft hatte, ohne das Buch gelesen zu haben. »Hätten sie das Buch gekannt, wäre es zu dem Termin mit Hoeneß nie gekommen. Denn es war keine Abrechnung – ich habe Jürgen Klinsmann sogar in Schutz genommen vor den Attacken einiger Abwehrspieler.« Das Buch sei kein »hochpersönliches Tagebuch« gewesen. »Denn was da veröffentlicht wurde, war nichts anderes als meine Ergänzungen und Kommentierungen von bereits publizierten Schlagzeilen der *Bild* über den FC Bayern und andere Fußballereignisse aus den letzten zwölf Monaten.«

Der Abschied: Roberto Carlos rührt Lothar Matthäus zu Tränen

Trotz verlorenem Champions-League-Endspiel und DFB-Pokalfinales 1998/99 stabilisierte sich Vieles zur Saison 1999/2000 in München wieder. Lothar Matthäus entschied sich jedoch, im Winter zu den New York Metrostars zu wechseln, um dort seine Karriere ausklingen zu lassen. Da die Saison in den USA im Frühjahr begann und der FC Bayern unter Personalproblemen litt, verschob Matthäus seinen Abgang aus München auf Mitte März.

So geriet sein letztes Pflichtspiel für den FC Bayern zu einem filmreifen Abschied. Am 8. März 2000 empfing der FC Bayern Real Madrid zum Rückspiel in der zweiten Gruppenphase der Champions League. Das erste Aufeinandertreffen hatten die Münchner bereits 4:2 gewonnen – und nun legten die Bayern einen 4:1-Sieg nach. Eine beeindruckende Vorstellung im ausverkauften Olympiastadion – und auch Lothar Matthäus erhielt eine besondere Ehre. Trainer Ottmar Hitzfeld wechselte ihn zwei Minuten vor Spielende aus, damit sich 60 000 Zuschauer für Matthäus erheben und zujubeln konnten. Auch die Superstars von Real Madrid spürten den besonderen Moment. Der brasilianische Verteidiger Robert

Carlos legte in der Spielunterbrechung 40 Meter über das Feld zurück, um Matthäus noch mitten auf dem Spielfeld zu umarmen.

»Ich habe ihm auf Englisch viel Glück ins Ohr gehaucht und den Zusatz: Zeig den Amis mal, wie richtig Fußball gespielt wird«, verriet Carlos später im Buch *Lothar Matthäus – Der Leitwolf*. Und wie reagierte Matthäus auf die Worte des Brasilianers? Carlos: »Lothar hat nur gegrinst, weil er in diesem Moment kein Wort rausgebracht hat. Der war den Tränen ganz nah.«

Sechs Wochen später trafen Bayern München und Real Madrid im Halbfinale der Königsklasse erneut aufeinander. Ohne Lothar Matthäus im Team verpasste der FC Bayern den Einzug ins Endspiel. Real Madrid gewann am Ende die Champions League.

»I hope we have a little bit lucky«

»I hope we have a little bit lucky«: Noch heute wird Lothar Matthäus für diesen Ausspruch auf seiner ersten Pressekonferenz für die New York Metrostars im März 2000 veräppelt – zumindest im deutschsprachigen Raum. Der Kern des Spotts: Matthäus überträgt die deutsche Sprache 1:1 ins Englische, ein böser Anfängerfehler ...

»Wenn man sich privat in einer fremden Sprache unterhält, ist man weniger aufgeregt, ist man unverkrampfter, macht man weniger Fehler«, rechtfertigte Matthäus in seiner Biografie *Ganz oder gar nicht* den sprachlichen Fauxpas. Er sei damals mental noch völlig in deutscher Sprache denkend in New York gewesen, als er plötzlich auf einer Pressekonferenz am berühmten Times Square ein Statement habe abgeben müssen. »Und dann verspricht man sich eben mal. Na und?«, fragte Matthäus rhetorisch. Nicht die Fans, sondern einige Reporter und Kommentatoren würden ihn seit Jahren in ein schlechtes Licht stellen, »in das ich nicht gehöre«. Matthäus klagte: »Ich hatte auf der ganzen Welt mit Englisch keine Probleme, nur in Deutschland.«

Kurios: Sowohl zur Jahrtausendwende als auch heute beherrscht der Großteil der deutschen

Sport- und Boulevardjournalisten die deutsche und die englische Sprache nahezu perfekt. Ansonsten aber reicht es meist maximal noch für ein paar Wortfetzen in einer zweiten Fremdsprache.

Zum Vergleich: Lothar Matthäus erlernte 1988 nach wenigen Monaten Italienisch und gab umgehend Live-Interviews im italienischen Fernsehen. Im Englischen besitzt er womöglich manche grammatikalische Schwäche, weil er nicht das Gymnasium besuchte, das 18 Kilometer weit entfernt von seinem Wohnort lag. Dennoch trat er auch in internationalen TV-Talks in englischer Sprache an und wurde im Ausland gut verstanden.

Hinzu kommt, dass Matthäus durch seine vielen Stationen als Trainer unter anderem in Ungarn oder Serbien überall gelernt hat, mit zahlreichen Sätzen in der jeweiligen Landessprache mit der einheimischen Bevölkerung in Kontakt zu treten. Zudem sollte man nicht den internationalen Hintergrund seiner (ehemaligen) Lebensgefährtinnen vergessen. Seine zweite Ehefrau Lolita etwa beherrschte vier Sprachen. Seine aktuelle Ehefrau Anastasia ist Russin, Sohn Milan spricht bereits Englisch, Russisch und Deutsch.

Quintessenz: Matthäus, der den Handwerksberuf des Raumausstatters erlernt hat und sich später zum Innenarchitekten fortbilden wollte, wäre er nicht Fußballprofi geworden, ist Kosmopolit, er beherrscht zwei Fremdsprachen sehr gut und besitzt in mehreren weiteren Sprachen Grundkenntnisse. Wahrscheinlich würde er in einem Wettbewerb über Fremdsprachenkenntnisse 80 Prozent jener Journalisten übertrumpfen, die ihn seit 20 Jahren für seinen Versprecher in New York verspotten.

Der »Greenkeeper«-Spruch von Uli Hoeneß

Eigentlich mögen und schätzen sich Uli Hoeneß, der einst legendäre Manager und Präsident des FC Bayern, und Lothar Matthäus. Doch beide sind dafür bekannt, schnell emotional zu werden und die verbale Peitsche herauszuholen. Hoeneß kann mit seinen Attacken jedoch viel vernichtender wirken als Matthäus – und besonders der »Greenkeeper«-Spruch dürfte die Trainer-Karriere des Lothar Matthäus und seine Wahrnehmung in der Öffentlichkeit mit negativ geprägt haben.

Bis es zu diesem Spruch kam, gab es bereits mehrfach Zwist zwischen Hoeneß und Matthäus. Hoeneß warf Matthäus bereits 1987 vor, mit seiner Leistung erheblich mitverantwortlich für das verlorene Finale im Pokal der Landesmeister gewesen zu sein. Auch nach der Rückkehr von Matthäus zum FC Bayern 1992 kam es schon bald zu öffentlichen Wortgefechten zwischen den beiden Protagonisten, wenn die Münchner schwach spielten.

Matthäus überspannte den Bogen seinerseits aus Hoeneß- und Bayern-Sicht empfindlich, als es um die Abrechnung für sein Abschiedsspiel im Jahr 2000 ging. Hintergrund: Laut Matthäus wurde ihm ein bestimmter Einnahme-Anteil zugesichert, weshalb er in den letzten Jahren beim FC Bayern auf eine Gehaltserhöhung verzichtet hatte. Am Ende fanden Matthäus und der FC Bayern eine Lösung, doch eine lange Zeit gab es dazu eine öffentliche »Schlammschlacht«, das Verhältnis galt bereits als belastet.

Nun ging es in den November 2002: Der FC Bayern hatte 2001/02 keinen Titel gewonnen, in der Spielzeit 2002/03 sollte ein Großangriff auf Titel und Pokale gestartet werden. Doch die Münchner schieden bereits in der Gruppenphase der Champions League aus und auch in der Bundesliga schwächelten die Münchner ein wenig. Lothar Matthäus kommentierte das Geschehen beim FC Bayern kritisch, doch der Klub stabilisierte sich in der Bundesliga wieder. Nach einem 2:1-Sieg über Borussia Dortmund waren die Münchner nach dem 12. Spieltag souveräner Tabellenführer – und Uli Hoeneß als Manager des FC Bayern lief beim Stammtisch-Talk *Doppelpass* von TV-Sender Sport1 zur Höchstform auf. Es folgte das Unheil für Matthäus:

»Was der losgelassen hat, da hat man den Eindruck, der hat alles gewonnen und nie ein Spiel verloren«, leitete Hoeneß sein Statement zu Matthäus ein und legte nach: »Der will ja, der wollte beim FC Bayern was werden. Aber so lange ich und der Kalle Rummenigge etwas zu sagen haben, wird der nicht mal Greenkeeper im neuen Stadion.« Rums! Das hatte gesessen.

Erst sieben Jahre später traten Hoeneß und Matthäus gemeinsam im *Audi Star-Talk* von Sport1 auf. Hoeneß entschuldigte sich dabei aufrichtig für seine Erniedrigung von Matthäus. »Der Ausspruch tut mir heute wirklich leid. Lothar gilt in der Branche als hervorragender Fußball-Fachmann und als sehr guter Trainer.« Matthäus nahm die Entschuldigung an, auch wenn der Greenkeeper-Spruch sich bis heute bei vielen Fans ins Gedächtnis eingebrannt hat.

Neue Handy-Nummer? Der »Sekretär« von Lothar Matthäus packt aus

Viele haben es wohl selbst einmal erlebt: Man bekommt eine neue Handy-Nummer zugeteilt, erhält aber doch noch den ein oder anderen Anruf, der eigentlich für den früheren Besitzer der Handynummer gedacht ist. So erging es auch Tom Parol aus Berlin. Der junge Berliner bekam allerdings unwissentlich die frühere Handynummer eines Prominenten zugeteilt: jene von Lothar Matthäus! Wie es Parol damit erging, berichtete er im Jahr 2017 in einem Interview mit dem Portal *Sportbuzzer*.

Er erhalte noch mindestens zwanzigmal in der Woche Anrufe, die für Matthäus bestimmt seien, verriet der damals 29-Jährige. Allerdings besitze er die Nummer auch schon eineinhalb Jahre. »Am Anfang war es noch viel schlimmer«, fügte Parol, der kein Fußballfan ist, an. Zu Beginn sei er bis zu hundertmal wöchentlich kontaktiert worden. Meist seien es Familienmitglieder, ehemalige Sportler oder Funktionäre, die Matthäus sprechen wollten. Zunächst habe er keine Ahnung gehabt, wessen ehemalige Nummer er zugeteilt bekommen hatte. Er brauchte Zeit, um dies zu realisieren.

Nun aber lehne er einen Wechsel der Nummer ab, betonte Parol. »Ich habe schon gefühlt aus jedem Land Europas Anrufe entgegengenommen. Aber das stört mich nicht, es ist mir eher eine Ehre, die Nummer eines solchen Topstars zu verteidigen«, sagte Parol und witzelte: »Ich bin Lothars Sekretär, das ist doch lustig.«

Lothar Matthäus wird Bezirksliga-Meister

Lothar Matthäus lebt zwar mit seiner Familie in Budapest, doch der Franke ist seiner Heimat stets verbunden geblieben. Seit einigen Jahren unterstützt er auch die Jugendarbeit seines Stammklubs FC Herzogenaurach, dabei entwickelte sich noch eine nette Idee.

Die erste Mannschaft des FC Herzogenaurach stand 2018 in der Bezirksliga Mittelfranken Nord vorzeitig als Meister und damit Aufsteiger in die sechstklassige Landesliga fest. Zum Abschluss ging es für den FCH gegen die Spielvereinigung Hüttenbach-Simmelsdorf – und Matthäus durfte als Spielmacher mitspielen. »Das letzte Spiel meiner Karriere will ich für den FCH spielen. Ich habe dem Verein viel zu verdanken«, erklärte Matthäus der *Sport-Bild*. Matthäus führte im Alter von 57 Jahren die Mannschaft als Kapitän an – und feierte mit ihr einen verdienten 3:0-Sieg. So darf sich Matthäus nicht nur Weltmeister nennen, sondern auch Bezirksliga-Meister.

Lothar Matthäus beendet seine Trainer-Karriere

Nach seinem Karriereende als Spieler galt als sicher, dass Lothar Matthäus eine erfolgreiche Laufbahn als Trainer einschlägt. Franz Beckenbauer, sein Freund und Weltmeister-Trainer von 1990, sah in Matthäus bereits den künftigen Bundestrainer. Gemeinsam hatten sie als Spieler und Trainer am Abend vor einer Partie immer wieder über Aufstellungen und Taktiken diskutiert. Allerdings konnte Matthäus als Trainer nicht an seine Erfolge als Spieler anknüpfen. Matthäus selbst sieht seine Trainer-Karriere allerdings nicht als gescheitert an. Er wurde unter anderem serbischer Meister mit Partizan Belgrad und führte den Klub erfolgreich durch die Qualifikation für die Champions-League-Gruppenphase. Als Nationaltrainer Ungarns besiegte er in einem Freundschaftsspiel Deutschland mit 2:0. Doch auf all seinen sieben Trainer-Stationen zwischen 2001 und 2011 (Rapid Wien, Partizan Belgrad, ungarischer Nationaltrainer, Athletico Paranaense, RB Salzburg, Maccabi Netanya und bulgarische Nationalmannschaft) gab es immer wieder individuelle Gründe, die seine Karriere als Trainer vorzeitig stoppten. Hinzu kam, dass er mehrfach kurz vor einem Trainer-Engagement in Deutschland gestanden hatte, doch mal verhinderten die Fans (dem Vernehmen nach Eintracht Frankfurt, 1. FC Nürnberg) eine Zusammenarbeit, mal lehnte Matthäus einen Job in letzter Minute selbst ab.

Mit zu den kuriosesten Geschichten aus seiner Zeit als Trainer dürfte jene bei RB Salzburg zählen. Im Juni 2006 wurde Matthäus als Cheftrainer des von Red Bull gesponserten Klubs engagiert. Der Verein besaß große Ziele und Matthäus machte sich an die Kader-Planung heran – doch wenige Wochen später bekam Matthäus einfach einen neuen Cheftrainer vorgesetzt: seinen alten Weggefährten Giovanni Trapattoni. Bis heute ist ziemlich unklar, was RB mit dieser Aktion bezweckt hatte. Matthäus blieb trotzdem eine komplette Saison als Co-Trainer in Salzburg und wurde österreichischer Meister. Doch Spieler und Öffentlichkeit spürten, dass die Denkweisen des defensiv ausgerichteten Trapattoni und des offensiv ausgerichteten Matthäus nicht zusammenpassten. Im Sommer 2007 trennte sich der Klub von Matthäus.

Die Trainer-Karriere von Lothar Matthäus bleibt wohl eine unvollendete. So gab der Weltmeister von 1990 im Jahr 2019 das Ende seiner Trainer-Karriere bekannt. »Trainer, das ist für mich vorbei«, sagte er der *Neuen Osnabrücker Zeitung*. Inzwischen habe er »viele interessante Aufgaben, die alle mit dem Fußball zu tun haben«, so

Matthäus. Als TV-Experte bei Sky, als Marken-Botschafter des FC Bayern und der Deutschen Fußball Liga sei er zu Genüge eingespannt und ausgelastet.

Fußballer? Anastasia Matthäus musste Lothar erst googeln

Zu Lothar Matthäus und seinen Lebenspartnerinnen existieren zahlreiche Geschichten und Anekdoten. Nicht immer wurde dabei korrekt über ihn berichtet, doch Matthäus hat, so muss man wohl konstatieren, auch viele Peinlichkeiten begangen. Ein negatives Highlight war die Reality-Doku von TV-Sender VOX *Lothar – immer am Ball* aus dem Jahr 2012. Schon vor Beginn der ersten und einzigen Staffel sagte der Sender-Chef sinngemäß, er sei mit dem Format nicht zufrieden.

In den vergangenen sieben Jahren ist allerdings in das Privatleben von Lothar Matthäus Ruhe eingekehrt. Er scheint sein Glück gefunden zu haben.

Im Jahr 2014 heiratete Matthäus im Alter von 53 Jahren die rund 27 Jahre jüngere Anastasia Klimko. Mit der Russin, die Soziologie studiert hat und später als Headhunterin arbeitete, lebt er in Ungarns Hauptstadt Budapest glücklich zusammen. Gemeinsam zieht das Paar Sohn Milan groß.

»Wir haben uns das erste Mal in Paris gesehen. Er hat mich angesprochen«, verriet Anastasia im Jahr 2014 der *Bild*-Zeitung vom ersten Kennenlernen mit Matthäus. In Paris unterhielten sie sich und lachten zusammen. »Irgendwann habe ich ihm meine Nummer gegeben. Er hat mich in Moskau besucht – und dann hat sich alles entwickelt«, führte Anastasia Matthäus fort.

Ob sie denn gewusst habe, welch prominenter Mann sie in Paris angesprochen habe, fragte der Reporter. »Nein«, überraschte Anastasia mit ihrer Antwort und führte aus: »Ich habe erst nach und nach mitbekommen, dass er irgendwie berühmt sein muss.« Als sie neugierig wurde, machte sie sich an die Internet-Recherche: »Und dann habe ich gegoogelt. Ich interessiere mich zwar seit bestimmt zehn Jahren für Fußball, aber Lothars aktive Zeit liegt ja noch länger zurück.« Seine Prominenz tat der Liebe keinen Abbruch. Zum Abschluss des Gesprächs machte Anastasia ihrem künftigen Mann noch ein öffentliches Kompliment: »Ich liebe ihn! Und es imponiert mir, welch ein Gentleman er ist, wie er mich umsorgt, wie er alles organisiert.«

Quellen

Die glückliche Fügung auf der Weihnachtsfeier des FC Herzogenaurach

Martin Häusler mit Lothar Matthäus: *Ganz oder gar nicht*, Bastei Lübbe, Köln 2012, S. 19f.

»Halt den Ball flach«

Martin Häusler mit Lothar Matthäus: *Ganz oder gar nicht*, Bastei Lübbe, Köln 2012, S. 21f.

Trägt die Mutter Schuld? Lothar Matthäus ist zu »klein« für die Bayernauswahl

Martin Häusler mit Lothar Matthäus: *Ganz oder gar nicht*, Bastei Lübbe, Köln 2012, S. 32f.

Matthäus nach Gladbach? Wie Berti Vogts Udo Lattek austrickste

»Warum ich Udo Lattek belügen musste«; Gastbeitrag von Berti Vogts in: *Lothar Matthäus – Der Leitwolf*, herausgegeben von Ulrich Kühne-Hellmessen u. Tom Bender, Econ Ullstein List Verlag, Sportverlag, Berlin 2000, S. 39.

17 dramatische Minuten in Neapel: So verpatzte Matthäus sein Debüt im DFB-Team

Ulrich Kühne-Hellmessen u. Tom Bender (Hrsg.): *Lothar Matthäus – Der Leitwolf*, Econ Ullstein List Verlag, Sportverlag, Berlin 2000, S. 130f.

Spielerprofil Lothar Matthäus; *transfermarkt.de*; https://www.transfermarkt.de/lothar-matthaus/profil/spieler/1527; online abgerufen am 15.12.2020.

Wie Lothar Matthäus immer wieder ins Liebeschaos gerät

»Schlitzohr nimmt Elfe«; *Spiegel-Magazin (7/1983)* via *spiegel.de*; https://www.spiegel.de/spiegel/print/d-14021641.html; online abgerufen am 22.1.2021.

»Den Maradona habt ihr heute Abend doch genauso wenig gesehen, wie am Sonntag den Zico, oder?«

»Was der kann, kann ich auch!«; *kicker*-Sportmagazin, Ausgabe vom 22.3.1982, S. 46.

»Maradona kann Rummenigge nicht das Wasser reichen«; *kicker*-Sportmagazin, Ausgabe vom 26.3.1982, S. 5.

Ulrich Kühne-Hellmessen u. Tom Bender (Hrsg.): *Lothar Matthäus – Der Leitwolf*, Econ Ullstein List Verlag, Sportverlag, Berlin 2000, S. 134 f.

Spielerprofil Lothar Matthäus; *transfermarkt.de*; https://www.transfermarkt.de/lothar-matthaus/profil/spieler/1527; online abgerufen am 15.12.2020.

2,06 Promille: Lothar Matthäus schrottet seinen neuen Mercedes

Martin Häusler mit Lothar Matthäus: *Ganz oder gar nicht*, Bastei Lübbe, Köln 2012, S. 55 f.

Ulrich Kühne-Hellmessen u. Tom Bender (Hrsg.): *Lothar Matthäus – Der Leitwolf*, Econ Ullstein List Verlag, Sportverlag, Berlin 2000, S. 82.

»Judas« Matthäus

YouTube-Video: »Elfmeterschießen M'gladbach – FC Bayern DFB-Pokalfinale 1984«; https://www.youtube.com/watch?v=CkPxZyOdmTA; online abgerufen am 18.11.2020.

Abschlusstabelle Bundesliga-Saison 1983/84; *kicker.de*; https://www.kicker.de/bundesliga/tabelle/1983-84; online abgerufen am 18.11.2020.

Martin Häusler mit Lothar Matthäus: *Ganz oder gar nicht*, Bastei Lübbe, Köln 2012, S. 56–60.

Ulrich Kühne-Hellmessen u. Tom Bender (Hrsg.): *Lothar Matthäus – Der Leitwolf*, Econ Ullstein List Verlag, Sportverlag, Berlin 2000, S. 146 f.

135 Seeigel-Stachel verhindern einen Besuch von Lothar Matthäus bei einer Misswahl

»Der Yacht-Unfall auf Mauritius«; Gastbeitrag von Norbert Pflippen in: *Lothar Matthäus – Der Leitwolf*, herausgegeben von Ulrich Kühne-Hellmessen u. Tom Bender, Econ Ullstein List Verlag, Sportverlag, Berlin 2000, S. 51.

»Prügelknabe« Matthäus will »kein Chef mehr sein«

»Ich will kein Chef mehr sein«; Interview mit Lothar Matthäus; *kicker*-Sportmagazin, Ausgabe vom 4.6.1987, S. 4 f.

»Autowäscher« statt Stilikone? Lothar Matthäus schockt zum Auftakt seine Teamkollegen bei Inter Mailand

»Wie ich Lothar zum Dressman machte«; Gastbeitrag von Walter Zenga in: *Lothar Matthäus – Der Leitwolf*, herausgegeben von Ulrich Kühne-Hellmessen u. Tom Bender, Econ Ullstein List Verlag, Sportverlag, Berlin 2000, S. 46.

»Il grande«

YouTube-Channel Inter Mailand: »Inter 1988/89, The Record-Breaking Campaign – 30 Years Later«; https://www.youtube.com/watch?v=cJ7gFv99o80; online veröffentlicht am 25.6.2019.

Spielbericht Inter Mailand – SSC Neapel vom 30. Spieltag der Saison 1988/89; *transfermarkt.it*; https://www.transfermarkt.it/fc-internazionale_ssc-napoli/index/spielbericht/2217846; online abgerufen am 8.10.2020.

Ulrich Kühne-Hellmessen u. Tom Bender (Hrsg.): *Lothar Matthäus – Der Leitwolf*, Econ Ullstein List Verlag, Sportverlag, Berlin 2000, S. 148 f.

Martin Häusler mit Lothar Matthäus: *Ganz oder gar nicht*, Bastei Lübbe, Köln 2012, S. 11 u. S. 75–76.

3:1 gegen Jugoslawien: Das berühmteste Tor von Lothar Matthäus

»Matthäus: ›Ich wollte den Pokal nicht fallen lassen‹«; Homepage der FIFA; https://de.fifa.com/worldcup/news/ist-etwas-besonderes-alskapitan-den-pokal-gewinnen-514068; online veröffentlicht am 3.5.2007.

YouTube-Channel der FIFA: »Hyundai Anatomy of a Goal – Lothar Matthäus (FRG) 1990«; https://www.youtube.com/watch?v=Jv-6nK4N3fk; online veröffentlicht am 23.3.2018.

Spielbericht Deutschland – Jugoslawien, WM 1990; *transfermarkt.de*; https://www.transfermarkt.de/deutschland_jugoslawien/index/spielbericht/928031; online abgerufen am 14.11.2020.

Warum Andy Brehme und nicht Lothar Matthäus im WM-Finale 1990 zum Elfmeter antrat

YouTube-Channel *Sport-Bild*: »Lothar Matthäus über Hoeneß und seine Bayern-Zeit | Phrasenmäher – Der Fußball-Podcast«; https://www.youtube.com/watch?v=EOMFxIlz0nY; online veröffentlicht am 4.9.2019.

YouTube-Video: »WM Finale ´90 Deutschland – Argentinien«; https://www.youtube.com/watch?v=hcM1uvSwoXQ; online veröffentlicht am 12.5.2011.

Martin Häusler mit Lothar Matthäus: *Ganz oder gar nicht*, Bastei Lübbe, Köln 2012, S. 87–90.

Zeitdruck bei der Wahl zum »Weltfußballer«

»Erster Weltfußballer«; Gastbeitrag von Rainer Holzschuh in: *Lothar Matthäus – Der Leitwolf*, herausgegeben von Ulrich Kühne-Hellmessen u. Tom Bender, Econ Ullstein List Verlag, Sportverlag, Berlin 2000, S. 53.

Wikipedia-Eintrag »Lothar Matthäus«; https://de.wikipedia.org/wiki/Lothar_Matth%C3%A4us#Erfolge_als_Spieler; online abgerufen am 8.12.2021.

»Ein Lothar Matthäus lässt sich nicht von seinem Körper besiegen, ein Lothar Matthäus entscheidet selbst über sein Schicksal«

YouTube-Channel FC Bayern: »Top 5 Tore – FC Bayern-Legende Lothar Matthäus«; https://www.youtube.com/watch?v=ftbKQXSDw3Y; online veröffentlicht am 9.3.2018.

»Die besten Sprüche von Lothar Matthäus«; *sport.de*; https://www.sport.de/diashow/sl1141/matthaeus-beste-sprueche/#slide=13; online abgerufen am 26.1.2021.

Martin Häusler mit Lothar Matthäus: *Ganz oder gar nicht*, Bastei Lübbe, Köln 2012, S. 99–115.

Lothar Matthäus schickt 50 Weißwürste an Zinédine Zidane

»Die Wahrheit liegt in der Weißwurst ...«; Gastbeitrag von Zinédine Zidane in: *Lothar Matthäus – Der Leitwolf*, herausgegeben von Ulrich Kühne-Hellmessen u. Tom Bender, Econ Ullstein List Verlag, Sportverlag, Berlin 2000, S. 35.

Enthüllungen? *Mein Tagebuch* war gar kein Tagebuch

Ulrich Kühne-Hellmessen und Tom Bender (Hrsg.): *Lothar Matthäus – Mein Tagebuch;* Sportverlag, Berlin 1997, S. 173–176 u. S. 193 f.

Martin Häusler mit Lothar Matthäus: *Ganz oder gar nicht*, Bastei Lübbe, Köln 2012, S. 125–128.

Der Abschied: Roberto Carlos rührt Lothar Matthäus zu Tränen

»Nicht nur Bayern wird er fehlen«; Gastbeitrag von Roberto Carlos in: *Lothar Matthäus – Der Leitwolf*, herausgegeben von Ulrich Kühne-Hellmessen u. Tom Bender, Econ Ullstein List Verlag, Sportverlag, Berlin 2000, S. 43.

»I hope we have a little bit lucky«

Martin Häusler mit Lothar Matthäus: *Ganz oder gar nicht*, Bastei Lübbe, Köln 2012, S. 139.

Der »Greenkeeper«-Spruch von Uli Hoeneß

»Matthäus wird bei uns nicht mal Greenkeeper«; Zusammenfassung *spiegel.de*; https://www.spiegel.de/sport/fussball/hoeness-bricht-sein-schweigen-matthaeus-wird-bei-uns-nicht-mal-greenkeeper-a-222285.html; online veröffentlicht am 10.11.2002.

YouTube-Channel KG Media Factory: »Hoeneß zu Matthäus: Greenkeeper-Ausspruch tut mir leid!«;

https://www.youtube.com/watch?v=GJGuBpcSS9Y; online veröffentlicht am 5.2.2011.

Neue Handy-Nummer? Der »Sekretär« von Lothar Matthäus packt aus

»Ein Berliner erbt die Nummer von Lothar Matthäus«; *sportbuzzer.de*; https://www.sportbuzzer.de/artikel/ein-berliner-erbt-die-nummer-von-lothar-matthaus/; online veröffentlicht am 20.11.2017.

Lothar Matthäus wird Bezirksliga-Meister

»Matthäus-Comeback in Bezirksliga«; *sport1.de*; https://www.sport1.de/fussball/2018/05/lothar-matthaeus-kuendigt-comeback-fuer-bezirksligisten-1-fc-herzogenaurach-an; online veröffentlicht am 2.5.2018.

»Trotz Handicap Lothar«: Herzogenaurach feiert Matthäus«; *kicker.de*; https://www.kicker.de/trotz-handicap-lothar_herzogenaurach-feiert-matthaeus-723776/artikel; online veröffentlicht am 13.5.2018.

Lothar Matthäus beendet seine Trainer-Karriere

Trainer-Profil Lothar Matthäus; *transfermarkt.de*; https://www.transfermarkt.de/lothar-matthaus/profil/trainer/155; online abgerufen am 22.11.2020.

»Lothar Matthäus: ›Trainer-Karriere ist für mich vorbei‹«; *waz.de* mit Bezug *Neue Osnabrücker Zeitung*; https://www.waz.de/sport/lothar-matthaeus-trainer-karriere-ist-fuer-mich-vorbei-id216853607.html; online veröffentlicht am 7.4.2019.

Fußballer? Anastasia Matthäus musste Lothar erst googeln

»Ich habe Lothar gegoogelt«; *bild.de*; https://www.bild.de/unterhaltung/leute/lothar-matthaeus/ich-habe-lothar-gegoogelt-37785526.bild.html; online veröffentlicht am 23.9.2014.